JN147427

新・字形と筆順

改訂版

宮澤正明 編

光村図書

装幀　Boogie Design

はじめに

いつの時代でも「字形を整えて読みやすく書きたい」という願望は、誰もがいだくものです。その願いをかなえるために本書は編集されています。

文字はいくつかの点画で構成されており、それらを筆順の原則に基づく順序で適切に構築しながら書き進めることで整った字形が完成します。特に、筆順は点画の書き方を規定し字形を整える上で極めて重要な働きをしています。例えば、「リッシンベン（忄）」は、まず左右の点を書き次に縦画を書きますが、これを「小」のように縦画を先に書いて左右の点を書くと、縦画が短く、終筆を左にはねることになり、その結果、部首名まで「ショウヘン（小）」などと誤って認識するようになります。このように、筆順は字形を正しく整える上で極めて重要な要素であり、筆順が字形を決定づけているとも言えるのです。本書は、原則に基づく筆順を示すとともに、字形を整える上でのポイントを常用漢字と平仮名・片仮名すべてに図解で示しました。

なお、文字が書かれて出現する「字形」は、字体（文字の骨組み）が同じであっても微細な違いが生じるものです。このことに関しては、二〇一六年に文化庁から出された「常用漢字表の字体・字形に関する指針」によって、点画の止め、はね、払いや、長短、方向、接し方などの違いがあっても文字として誤りとは言えないとする字形の例が示されました。本書では、これらについても図示しました。

また、日常の筆写場面で見られる行書について、楷書よりも速く書けて便利、しかも流麗な行書を精選して図解しました。その他にも、毛筆体、部首、画数なども加え学校教育に携わっておられる先生方はもちろんのこと、筆順や字形に自信がない方にも、きっと役立つことと思います。本書を活用いただくことで、日本の伝統である書き文字文化が今後も絶えることなく生き続けていくことを願っています。

二〇一八年三月

宮澤正明

本書の使い方

常用漢字二一三六字を、字音による五十音順に配列しました。

❶毛筆・楷書
教科書体活字（※1）を参考にした標準的な字形で示しました。

❷配当学年
小学校で学習する漢字には、配当学年を示しました。

ジョウ―ジョウ ❺

漢字	配当学年	部首	画数	読み
上 ❶	1 ❷	一 ❸	3	ジョウ ショウ うえ・うわ かみ あげる・あがる のぼる のぼせる＊ のぼす＊ ❹
丈		一	3	ジョウ たけ
冗		冖	4	ジョウ
条	5	木	7	ジョウ
状	5	犬	7	ジョウ
乗	3	ノ	9	ジョウ のる のせる
城	4	土	9	ジョウ しろ 茨城（いばらき） 宮城（みやぎ） ❿
浄		水	9	ジョウ

上 ❻ ❼ ❽ ❾

152

❸部首・画数

一般的な漢和辞典にある部首と、画数（※2）を示しました。

❹音・訓

字音は片仮名で示しました。

字訓は平仮名で、訓の送り仮名は太字で示しました。

中学校で学習する音や訓には＊を付し、高等学校で学習する音や訓は朱色で示しました。

❺インデックス

字音による五十音順に配列しました。

❻硬筆・楷書

毛筆に合わせた字形で示しました。

❼硬筆・行書

一般的な行書を示しました。

❽筆順

間違えやすい箇所に留意し、筆順（※3）を示しました。

❾字形のポイント

文字の中心、点画の長短、画や点の間、左右・上下の組み立て方など、字形を整えるためのポイントを朱色で図示しました。

❿都道府県名の読み

常用漢字表において、都道府県名に用いられる漢字の読み方が音訓欄にないものについては、特記事項として朱色でここに示しました。

手書きの習慣による差異（※4）

については、次のマークで図示しました。

・止めてもよい
（点でもよい場合がある）
・はねてもよい
・払ってもよい
◁離れてもよい
⇢逆の方向に書いてもよい
◌点の方向を変えてもよい
曲がってもよい
折れてもよい

※1…教科書体活字とは、「小学校国語学習指導要領」の「別表　学年別漢字配当表」にある漢字書体にしたがって作られたもので、主として小学校の児童が筆写の手本にできるように工夫された、より手書きに近い書体です。一般的に「教科書体」と呼ばれています。
※2…画数は、手書き文字の画数に準じていますので、一般の漢和辞典等とは異なる場合があります。
※3…筆順は、「筆順指導の手引き」（文部省 昭和三十三年三月発行）に準拠しています。
※4…手書きの習慣による差異とは、小学校で標準とされている教科書体活字とは違う、長い年月の間、習慣として書き継がれてきた書き方のことで、常用漢字表の「（付）字体についての解説」に詳しく述べられています。

目次

第一章 字形の整え方と筆順の原則

■文字を構成する点画
■字形の整え方
■筆順の原則
■漢字表記の拠り所「常用漢字表」

文字を構成する点画

文字を構成する点と線のことを「点画」といいます。中でも、点画のうち基本となるものを基本点画といいます。一般には、横画、縦画、点、折れ、曲がり、そり、左払い、右払い、右上払いの九つが挙げられます。

また、その点画をさらに細かく分けると、三つの部分に分かれ、それらを始筆、送筆、終筆といいます。

始筆…点画の書き始めのこと

送筆…点画の途中の筆記具が運ばれる部分

　横画や縦画のように直線的なもののほかに折れ、曲がり、そりの三種類があります。

終筆…点画の終わりの部分

　止め、はね、払いの三種類があります。

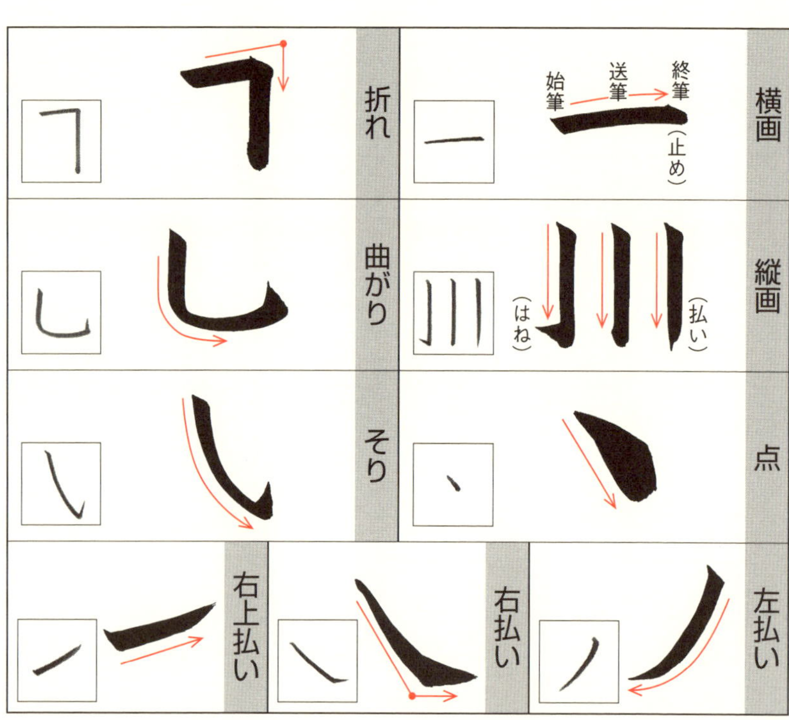

字形の整え方

文字の形のことを「字形」といいます。字形を整える要素は、大きく次の三つに分類されます。

❶全体の整え方
❷点画の組み立て方
❸部分の組み立て方

それらをさらに要素ごとに分類したものが、次の表になります。

本書では、さまざまある字形を整える要素の中でも、汎用性の高いものを、字例を挙げながら説明します。

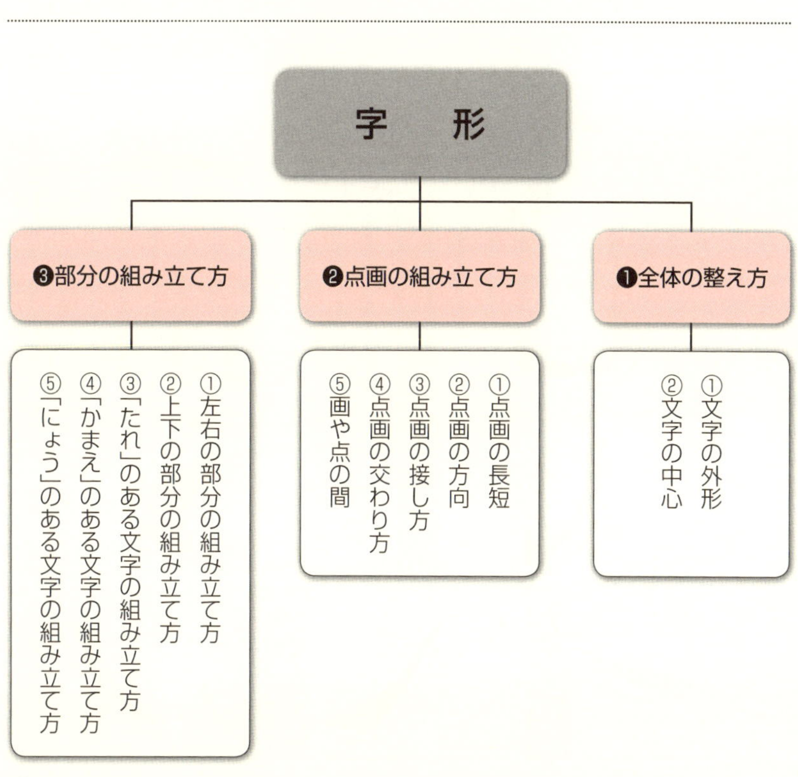

❶全体の整え方

① 文字の外形

「外形」とは、文字の輪郭をたどったときにできるだいたいの形をいい、「概形」とも書きます。外形が適切であると、文字を認識しやすくなります。

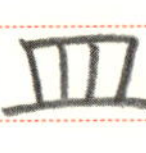

② 文字の中心

文字の中心(縦書きの場合は文字の左右の幅の中心)が適切であると、文字が安定します。

中心がはっきりしない文字の場合は、外形から中心線を想定してみると書きやすくなります。

❷点画の組み立て方

① 点画の長短

● 横画の長短

→横画が複数ある場合は、その中の一画だけを長く書きます。

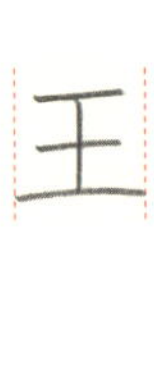

●縦画の長短

↓縦画が複数ある場合は、その中の一画だけを長く書きます。

川　正　岸

●左払いの長短

↓左払いが複数ある場合は、その下方の画を長く書きます。

名　場　参

●横画と左右の払いがセットになっている場合

↓横画ではなく、左右の払いが最大幅になる場合が多くあります。

大　春　走

[例外]ただし、払いの部分が扁平な文字などは例外です。

美　集

② 点画の方向

《左払い》

●左払いには、だいたい四つの方向があります。

千　木　天　用

●左払いの終筆が左右に並ぶ場合

↓二つの払いの間隔が、だんだん狭くなるように書きます。

反　夏　吸

●左払いの終筆が上下に並ぶ場合
↓二つの払いの間隔が、だんだん広くなるように書きます。

冬　久　行

《横画と左払い》

●左払いを横画より先に書くとき
↓横画を長く書きます。

右　希　有

●横画を左払いより先に書くとき
↓左払いを長く書きます。

左　友　在

《点》

●れんが（れっか）の場合
↓最初の点は反対方向に書きます。

黒　魚　鳴

●横画に接する点の場合
↓点は、横画に接するようにまっすぐ下に向かって書きます。

京　文　市

《折れ》

●折れまでの横画が短い場合
↓折れてから、垂直にまっすぐ下に書きます。

目　同　団

●折れまでの横画が長い場合
↓折れてから、内向きの斜めに書きます。

四　曲　弟

③　**点画の接し方**

《「口」の部分をもつ漢字》

●中に点画を書かず、すぐに「口」の形を閉じるとき
↓横画の終筆が出ます。

口　中　虫

●中に点画を書いてから、「口」の形を閉じるとき
↓縦画の終筆が出ます。

日　見　国

《横画と左払い》

●左払いを横画より先に書くとき
↓左払いの始筆が出ます。

1 2 戍　感　皮

●横画を左払いより先に書くとき
↓横画の始筆が出ます。

1 2 灰　原　応

④　**点画の交わり方**

点画の交わり方には、比較的わかりやすいものとそうでないものがありますが、交わる位置や角度が適切であると、文字が安定します。

土　寸　文　科

⑤ **画や点の間**

三つ以上の同じ画や点が並ぶ場合には、間隔を均等に空けると字形が整います。

❸ 部分の組み立て方

① 左右の部分の組み立て方

左右の組み立てをもつ漢字の、左の部分を偏（へん）、右の部分を旁（つくり）といいます。偏と旁は互いに場所を譲り合って一字を構築します。その際、偏の横画が右上がりになったり、偏の右端をそろえたりするなど、点画の形や傾きが変化します。

小学校で学習する漢字のうち、半分近くがこの左右の部分からなる漢字です。これらは、次のように左右の部分の幅の違いによって分類することができます。

● 左を広く右を狭く書く漢字
→右の部分の画数が少ないものが多い。

引　列　郵

● 左右の幅を同じくらいに書く漢字
→文字の中心が左右の部分の境目と重なります。

数　配

● 左が狭く右を広く書く漢字
→左の部分の画数が少ないものが多い。

海　晴　快

② 上下の部分の組み立て方

上下の組み立てをもつ漢字の、上の部分を冠（かんむり）、下の部分を脚（あし）ということがあります。上下の組み立てからなる漢字も、上部と下部の大きさの違いに気をつけて書きます。

●上を狭く下を広く書く漢字

花　答　客

●上下を等しく書く漢字

男　志　整

●上を広く下を狭く書く漢字

雪　悪　無

③ 「たれ」のある文字の組み立て方

「たれ」のある漢字を書くときは、下側の部分を、文字の中心よりも少しずらして書きます。

店　歴　展

④ 「かまえ」のある文字の組み立て方

「かまえ」のある漢字を書くときは、内側の部分を、かまえの中におさめるように書きます。

間　医　因

⑤「にょう」のある文字の組み立て方

「にょう」のある漢字を書くときは、にょうの右払いを上の部分より右側に出して書きます。

道　建　遊

また、「にょう」のある漢字には、先に書くにょうと、後に書くにょうがあります。

●先に書くにょう

起　題

●後に書くにょう

近　延

筆順の原則

筆順は書き順ともいい、一文字を能率よく書き表すための順序です。筆順は、個々の漢字がもつ長い歴史の中で書きやすい順序で定まってきたため、伝統的に書かれてきた筆順が、同一文字に二種あるいは三種ある場合もあります。学校教育においては、その状況が混乱のもととならないよう、昭和三十三年三月、当時の文部省が、「筆順指導の手びき」を発行し、一定の順序によって書かれるよう整理しました。

〔文部省編「筆順指導の手びき」から〕

大原則1 上から下へ

ⓐ 上の点画から書いていく。
三⇩一 二 三（言・工）

ⓑ 上の部分から書いていく。
喜⇩士 吉 壴 喜（客・築）

大原則2 左から右へ

ⓐ 左の点画から書いていく。
川⇩丿 川 川（学・帯・脈）

ⓑ 左の部分から書いていく。
竹⇩𠂉 竹（休・例）

原則1 横画が先

ⓐ 横・縦の順
十⇩一 十（土・七・告）

ⓑ 横・縦・縦の順
共⇩一 十 廾 共（散・帯）

ⓒ 横・横・縦の順
未⇩一 二 牛 未（用・耕・春）

ⓓ 横・横・縦・縦の順
耕⇩耒 耒 耕 耕（囲）

原則２　横画が後

ⓐ「田」と「田」の発展したもの

田⇩冂冊用田（由・角・再）

ⓑ「王」と「王」の発展したもの

王⇩一丅干王（馬・生・寒）

原則３　中が先

小⇩亅小小（水・赤・承）

〈例外〉中を後に書くもの

性⇩丶忄忄性

火⇩丷火（秋・炭・焼）

原則４　外側が先

国⇩冂国国（同・内・司）

（注）「区・医」は次のように書く。

区⇩一ㄨ区　医⇩一矢医

原則５　左払いが先

文⇩亠ナ文（父・人・入）

原則６　つらぬく縦画は最後

中⇩口中（書・平・手）

▼上にも下にもつきぬけない縦画は、上部・縦画・下部の順で書く。

里⇩曰甲里（野・重・動）

（注）「堇」と「莫」との違い。

謹⇩訁茻諽謹（勤）

漢⇩氵茻漢漢（難）

原則７　つらぬく横画は最後

女⇩く女女（子・母・船）

（注）「世」だけは違う。

世⇩一廾世

原則8 横画と左払い

ⓐ 横画が長く、左払いが短い字では、左払いを先に書く。

右⇩ノナ右（有・布・希）

ⓑ 横画が短く、左払いが長い字では、横画を先に書く。

左⇩一ナ左（友・存）

特に注意すべき筆順

◆広く用いられる筆順が、二つ以上あるものについて

1 Aの字は、もともと㋑の筆順だけである。Bの字は、㋑も㋺も行われるが、本書ではAにあわせて㋑をとる。

A 止正足走武 ㋑ ｌト

B 上点店 ㋺ ｰト

（注） ただし、行書になると、㋺の方が多く用いられる。

---

2 aの「耳」は㋑の筆順が普通である。bのみみへんは㋑も㋺も行われるが、本書ではaにあわせて、㋑をとる。

a 耳 ㋑ 巨耳

b 聖職 ㋺ 丌耳

3 「必」の筆順はいろいろあるが、㋺よりも㋑が形をとりやすいので、本書では㋑をとる。

㋑ 丶ソ义必必

㋺ ノ乂义必必

4 はつがしらの筆順は、いろいろあるが、本書では、左半と対称的で、かつ最も自然な㋑をとる。

㋑ ㇇癶発 ㋺ 入癶発

㋩ ㇇㇇発

（注）「祭」のかしらは、原則5によって、左の筆順になる。

夕⺈夕又祭

5　「感」の筆順には、㋑と㋺とがあるが、本書では**大原則1**にそう㋑をとる。

㋑　后　咸　感

㋺　后　㦺　感

（注）「盛」も同じである。

厂　成　盛

6　「馬」の筆順には、㋑や㋺などがあるが、本書では、**大原則1**にそう㋑をとる。

㋑　厂　冂　𫝀　馬

㋺　厂　F　馬　馬

（注）このようにすれば「隹」とも共通する。

𠂉　仁　隹　隹

7　「無」の筆順には、㋑や㋺などがあるが、本書では**大原則1**にそう㋑をとる。

㋑　𠂉　無　無

㋺　𠂉　𠂉　無

8　「興」の筆順としては㋑と㋺が考えられるが、本書では**大原則2**にそう㋑をとる。

㋑　F　㒻　興　興

㋺　同　㒻　興　興

◆**原則では説明できないもの**

1　にょうには、先に書くにょうaと、後に書くにょうbとがある。

a　久　走　免　是

b　辶　叉　乚

2　先に書く左払いaと、後に書く左払いbとがある。

a　九　及

b　力　刀　万　方　別

漢字表記の拠り所「常用漢字表」

漢字の表記は、平成二十二年十一月に告示された「常用漢字表」を拠り所としています。その中の「(付)字体についての解説」の「第2　明朝体と筆写の楷書との関係について」にある「❶　明朝体に特徴的な表現の仕方があるもの」では、活字と書き文字の違いが五つに分類して示されています。また、「❷　筆写の楷書では、いろいろな書き方があるもの」「❸　筆写の楷書字形と印刷文字字形の違いが、字体の違いに及ぶもの」では、公文書に書くことのできる、正しい楷書の範囲を知ることができます。

〔平成二十二年内閣告示「常用漢字表」から〕

常用漢字表では、個々の漢字の字体（文字の骨組み）を、明朝体のうちの一種を例に用いて示した。このことは、これによって筆写の楷書における書き方の習慣を改めようとするものではない。字体としては同じであっても、❶、❷に示すように明朝体の字形と筆写の楷書の字形との間には、いろいろな点で違いがある。それらは、印刷文字と手書き文字におけるそれぞれの習慣の相違に基づく表現の差と見るべきものである。

さらに、印刷文字と手書き文字におけるそれぞれの習慣の相違に基づく表現の差は、❸に示すように、字体（文字の骨組み）の違いに及ぶ場合もある。

以下に、分類して、それぞれの例を示す。いずれも「明朝体―手書き（筆写の楷書）」という形で、上側に明朝体、下側にそれを手書きした例を示す。

❶ 明朝体に特徴的な表現の仕方があるもの

(1) 折り方に関する例

衣－衣　去－去

玄－玄

(2) 点画の組合せ方に関する例

人－人　家－家

北－北

(3) 「筆押さえ」等に関する例

芝－芝　史－史

入－入　八－八

(4) 曲直に関する例

子－子　手－手

了－了

(5) その他

辶・辶－辶

竹－竹　心－心

---

❷ 筆写の楷書では、いろいろな書き方があるもの

(1) 長短に関する例

雨－雨雨

戸－戸戸戸

無－無無

(2) 方向に関する例

風－風風　比－比比

仰－仰仰

糸－糸糸　ネ－ネネ

衤－衤衤　主－主主

言－言言言

年－年年年

(3) つけるか、はなすかに関する例

又－又又　文－文文

月－月月

条－条条　保－保保

(4) はらうか、とめるかに関する例

奥－奥奥　公－公公

角－角角　骨－骨骨

(5) はねるか、とめるかに関する例

切－切切切

改－改改改

酒－酒酒

陸－陸陸陸

穴－穴穴穴

木－木木　来－来来

糸－糸糸　牛－牛牛

環－環環

(6) その他

令－令令

外－外外外

女－女女

叱－叱叱叱

❸ 筆写の楷書字形と印刷文字字形の違いが、字体の違いに及ぶもの

以下に示す例で、括弧内は印刷文字である明朝体の字形に倣って書いたものであるが、筆写の楷書ではどちらの字形で書いても差し支えない。なお、括弧内の字形の方が、筆写字形としても一般的な場合がある。

(1) 方向に関する例

淫－淫（淫）　恣－恣（恣）

煎－煎（煎）　嘲－嘲（嘲）

溺－溺（溺）　蔽－蔽（蔽）

(2) 点画の簡略化に関する例

葛－葛（葛）　嗅－嗅（嗅）

僅－僅（僅）　餌－餌（餌）

箋－箋（箋）　塡－塡（塡）

賭－賭（賭）　頰－頰（頰）

(3) その他

惧－惧（惧）　稽－稽（稽）

詮－詮（詮）　捗－捗（捗）

剝－剝（剝）　喩－喩（喩）

第二章
常用漢字の字形と筆順

亜
二
7
ア
一 丆 冖 亓 亖 亜
Point
許容
哀
口
9
アイ
あわれ
あわれむ
挨
手
10
アイ
愛
4
心
13
アイ
愛媛（えひめ）
曖
日
17
アイ
悪
3
心
11
アク
オ
わるい
握
手
12
アク
にぎる
圧
5
土
5
アツ
一 厂 圧

扱
手 6
あつかう
宛
宀 8
あてる
嵐
山 12
あらし
安
3
宀 6
アン
やすい
案
4
木 10
アン
暗
3
日 13
アン
くらい
以
4
人 5
イ
衣
4
衣 6
イ
ころも*

位
4
人
7
イ
くらい
囲
5
口
7
イ
かこむ
かこう
医
3
匚
7
イ
依
人
8
イ
エ
委
3
女
8
イ
ゆだねる
威
女
9
イ
為
火
9
イ
畏
田
9
イ
おそれる

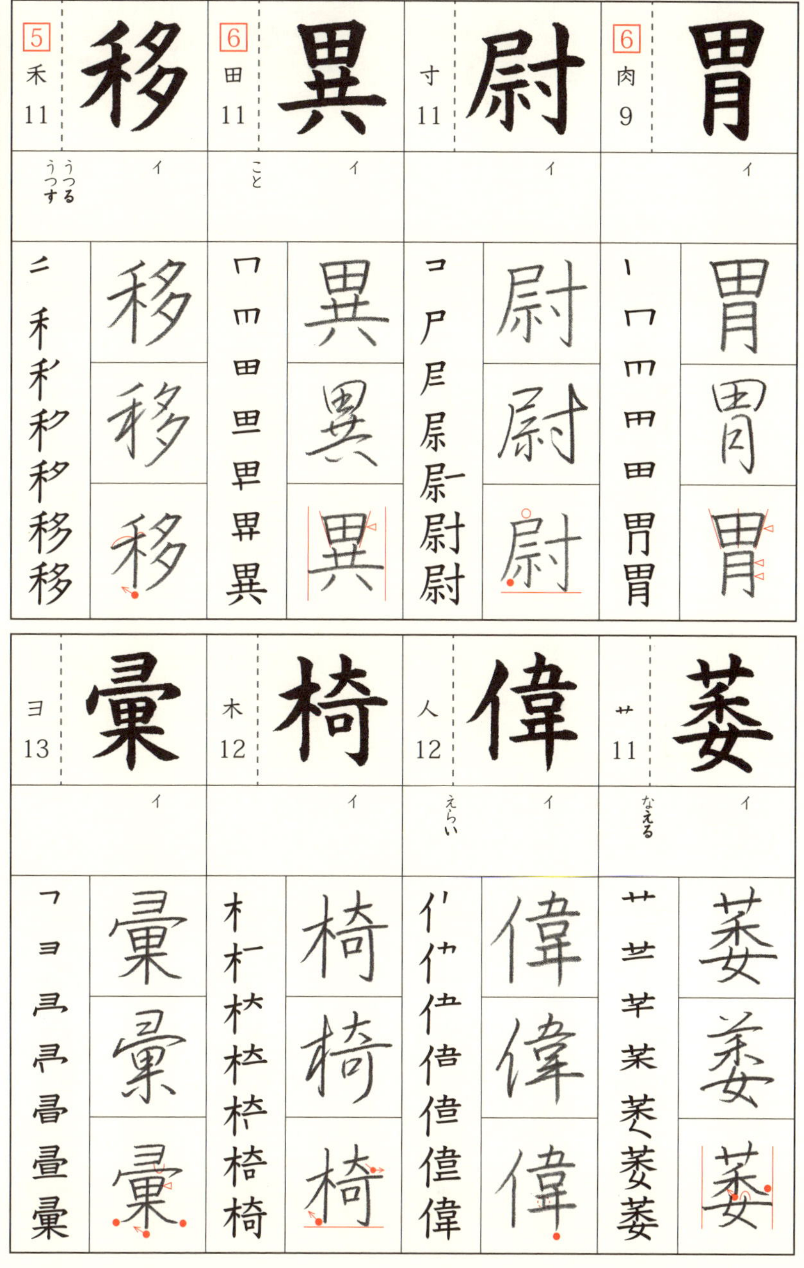

胃 6 肉 9 イ
尉 寸 11 イ
異 6 田 11 イ こと
移 5 禾 11 イ うつる うつす
萎 艹 11 イ なえる
偉 人 12 イ えらい
椅 木 12 イ
彙 ヨ 13 イ

意	違	維	慰
3 心 13	辶 13	糸 14	心 15
イ	イ ちがう ちがえる	イ	イ なぐさめる なぐさむ
亠 立 立 音 音 意 意	ノ カ 吾 韋 韋 韋 違	糸 糸 糸 糸 糸 糸 維	コ 尸 尸 尸 尉 尉 慰

遺	緯	域	育
6 辶 15	糸 16	6 土 11	3 肉 8
イ ユイ*	イ	イキ	イク そだつ そだてる はぐくむ
口 中 中 冑 貴 遺 遺	糸 糸 糸 緒 緒 緯 緯	土 圹 垣 垣 域 域 域	丶 亠 士 去 育 育 育

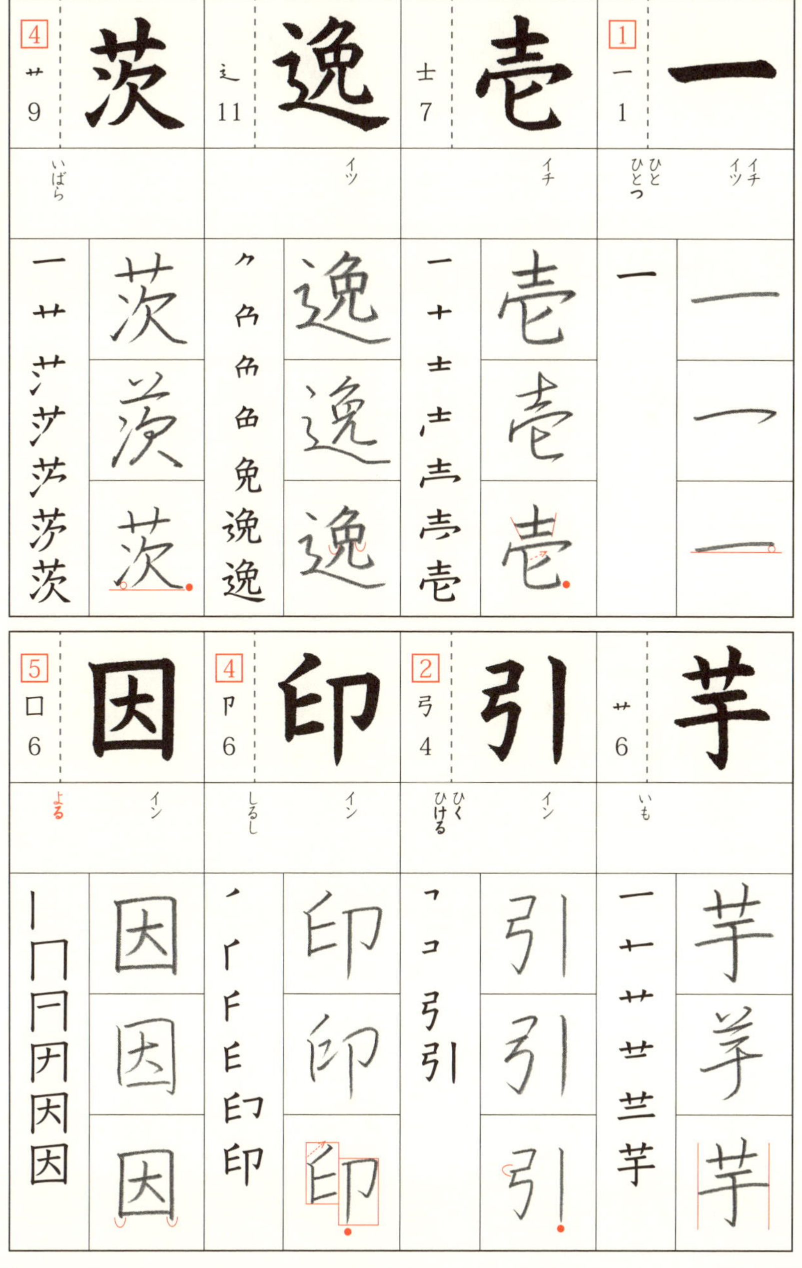
一
1
一 1
イチ イツ
ひと ひとつ
壱
士 7
イチ
逸
辶 11
イツ
茨
4
艹 9
いばら
芋
艹 6
いも
引
2
弓 4
イン
ひく ひける
印
4
卩 6
イン
しるし
因
5
口 6
イン
よる

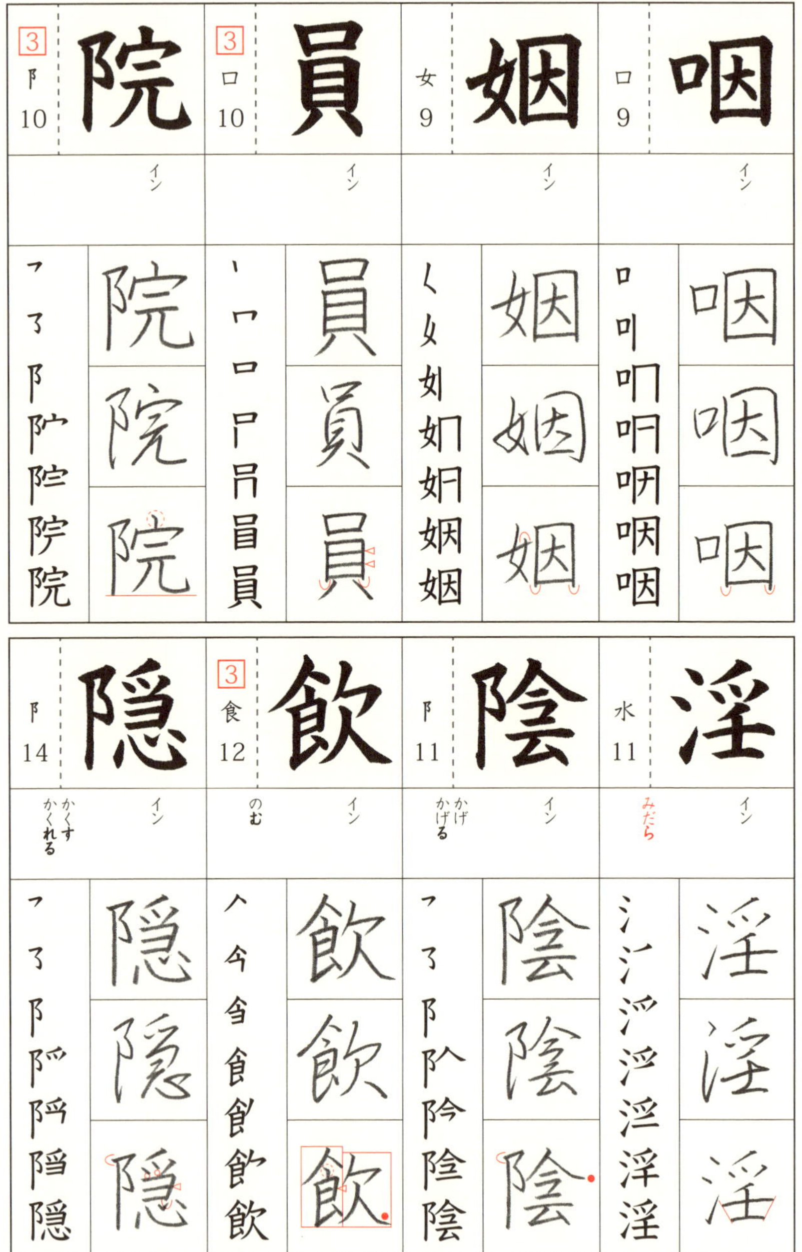

咽 口 9 イン
姻 女 9 イン
3 員 口 10 イン
3 院 阝 10 イン
淫 水 11 イン みだら
陰 阝 11 イン かげ かげる
3 飲 食 12 イン のむ
隠 阝 14 イン かくす かくれる

漢字	部首	画数	学年	音	訓
韻	音	19		イン	
右	口	5	1	ウ ユウ	みぎ
宇	宀	6	6	ウ	
羽	羽	6	2	ウ*	は はね
雨	雨	8	1	ウ	あめ あま
唄	口	10			うた
鬱	鬯	29		ウツ	
畝	田	10			うね

浦
水
10
うら
運
3
⻌
12
ウン
はこぶ
雲
2
雨
12
ウン
くも
永
5
水
5
エイ
ながい
泳
3
水
8
エイ
およぐ
英
4
艹
8
エイ
映
6
日
9
エイ
うつる
うつす
はえる＊
栄
4
木
9
エイ
さかえる
はえ
はえる

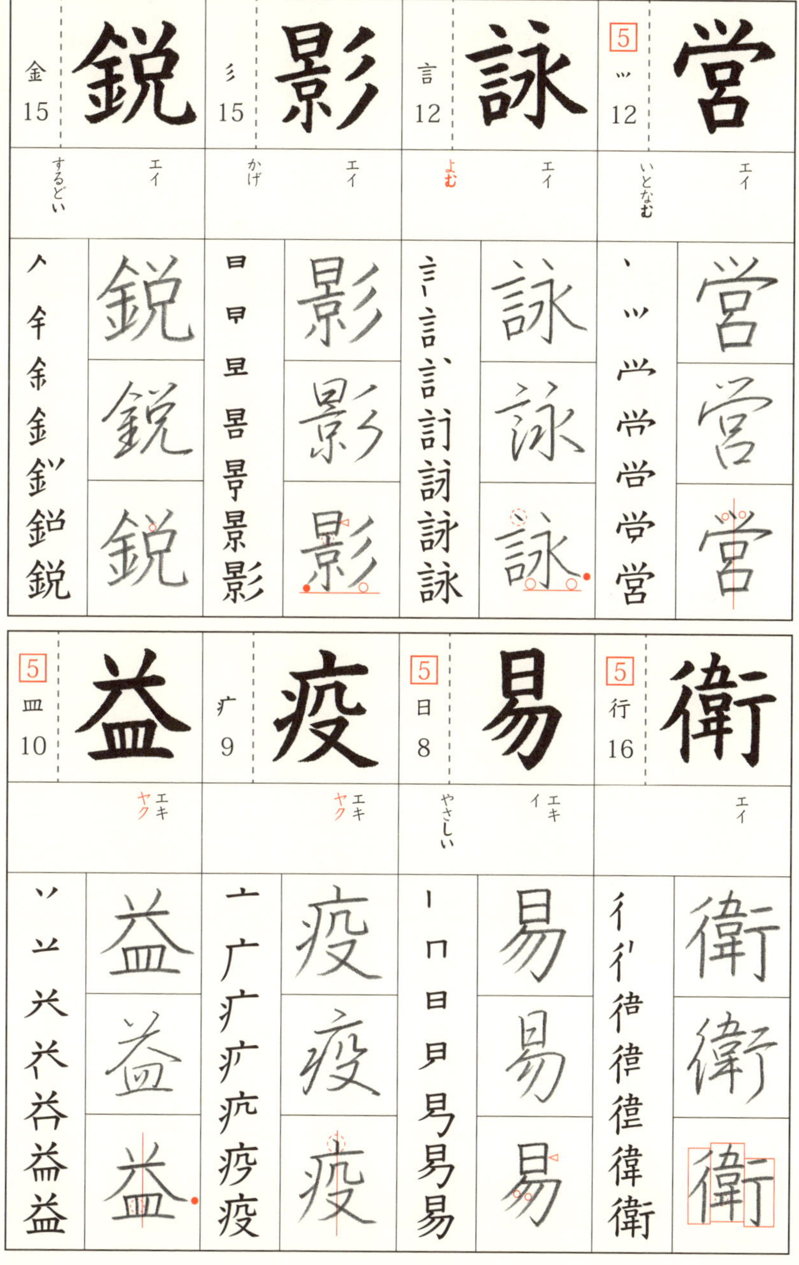
営
5
⺍
12
エイ
いとなむ
衛
5
行
16
エイ
易
5
日
8
エキ
イ
やさしい
疫
疒
9
エキ
ヤク
益
5
皿
10
エキ
ヤク

液
5
水
11
エキ
駅
3
馬
14
エキ
悦
心
10
エツ
越
走
12
エツ
こす
こえる
謁
言
15
エツ
閲
門
15
エツ
円
1
冂
4
エン
まるい
延
6
廴
8
エン
のびる
のべる
のばす

漢字	学年	部首	画数	音読み	訓読み・その他
沿	6	水	8	エン	そう
炎		火	8	エン	ほのお
怨		心	9	エン・オン	
宴		宀	10	エン	
媛	4	女	12	エン	愛媛（えひめ）
援		手	12	エン	
園	2	口	13	エン	その＊
煙		火	13	エン	けむる・けむり・けむい

猿
犬 13
エン
さる
2
遠
⻌ 13
エン
オン
とおい
鉛
金 13
エン
なまり
4
塩
土 13
エン
しお
5
演
水 14
エン
縁
糸 15
エン
ふち
艶
色 19
エン
つや
汚
水 6
オ
けがす
けがれる
けがらわしい
よごす
よごれる
きたない

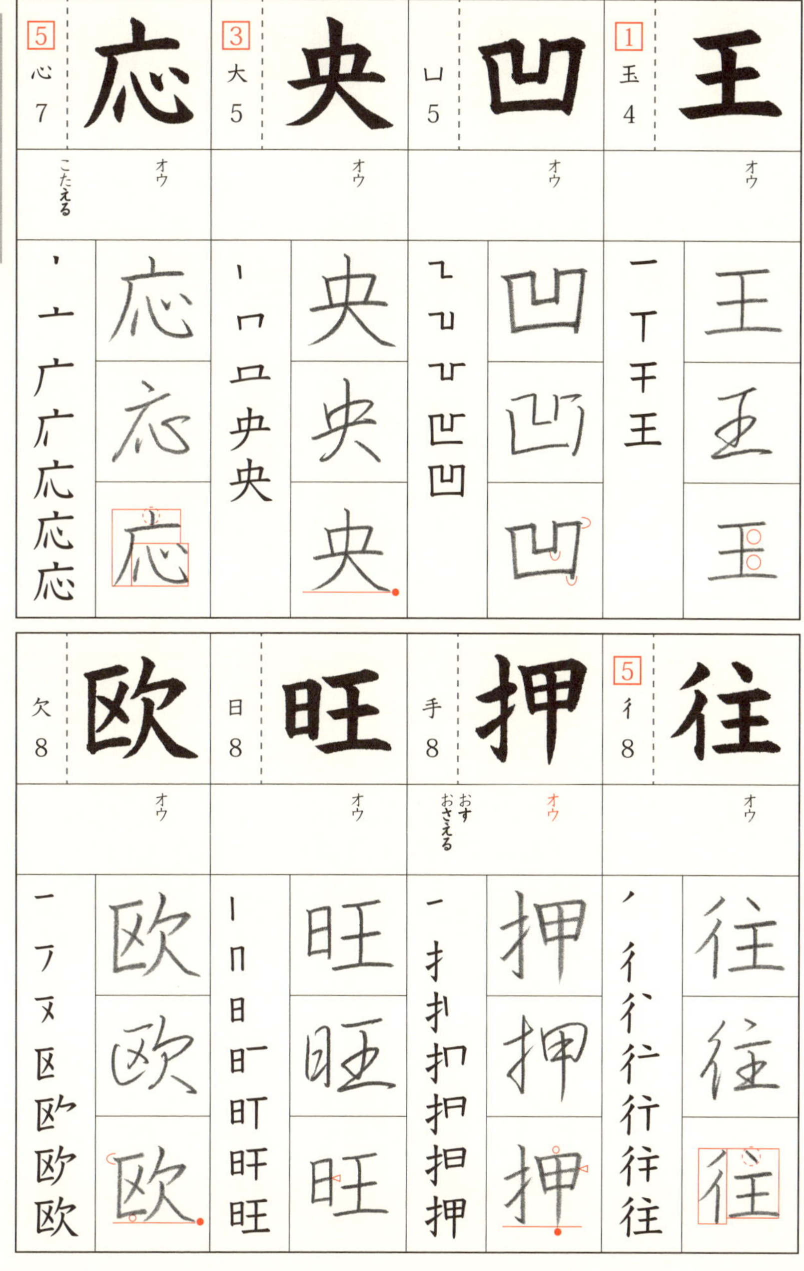
5
心
7
応
オウ
こたえる
3
大
5
央
オウ
凵
5
凹
オウ
1
玉
4
王
オウ
欠
8
欧
オウ
日
8
旺
オウ
手
8
押
オウ
おす
おさえる
5
彳
8
往
オウ

殴 殳 8 オウ なぐる
桜 5 木 10 オウ さくら
翁 羽 10 オウ
奥 大 12 オウ おく
横 3 木 15 オウ よこ
岡 4 山 8 おか
屋 3 尸 9 オク や
億 4 人 15 オク

漢字	部首	画数	読み	筆順
憶	心	16	オク	忄 忄 忙 忙 愔 憶 憶
臆	肉	17	オク	月 肀 肀 脸 脸 臆 臆 臆
虞	虍	13	おそれ	⺊ ⺊ 广 庐 虐 虐 虞
乙	乙	1	オツ	乙
俺	人	10	おれ	亻 仁 伱 伱 俺 俺 俺 俺
卸	卩	9	おろす おろし	ノ 𠂉 午 午 隹 卸 卸
音 [1]	音	9	オン イン* おと ね	丶 亠 亣 立 产 音 音
恩 [6]	心	10	オン	丨 冂 冃 因 因 恩 恩

温
3
水
12
オン
あたたか
あたたかい
あたたまる
あたためる
穏
禾
16
オン
おだやか
下
1
一
3
カ
ゲ
した・しも
もと＊
さげる・さがる
くだる・くだす
くださる
おろす・おりる
化
3
匕
4
カ
ケ＊
ばける
ばかす
火
1
火
4
カ
ひ
ほ
加
4
力
5
カ
くわえる
くわわる
可
5
口
5
カ
仮
5
人
6
カ
ケ＊
かり

何
2
人
7
カ*
なに
なん
花
1
艹
7
カ
はな
佳
人
8
カ
価
5
人
8
カ
あたい
果
4
木
8
カ
はたす
はてる
はて
河
5
水
8
カ
かわ
苛
艹
8
カ
科
2
禾
9
カ

架
木 9
カ
かける かかる
夏
2 夂 10
カ ゲ＊
なつ
家
2 宀 10
カ ケ
いえ や
荷
3 艹 10
カ＊
に
華
艹 10
カ ケ
はな
菓
艹 11
カ
貨
4 貝 11
カ
渦
水 12
カ
うず

過
5 ⻌ 12
カ
すぎる　すごす　あやまつ　あやまち
冂 冂 冂 冎 咼 渦 過

嫁
女 13
カ
よめ　とつぐ
く 女 妒 妒 婷 嫁 嫁

暇
日 13
カ
ひま
日 旫 旫 明 晛 晛 暇

禍
示 13
カ
ラ ネ 初 祁 祁 祸 禍

靴
革 13
カ
くつ
廾 廿 芇 芇 革 靳 靴

寡
宀 14
カ
宀 宀 宵 宣 寘 寡 寡

歌
2 欠 14
カ
うた　うたう
一 ㄱ 可 哥 哥 哥 歌

箇
竹 14
カ
⺮ 𥫗 竹 笜 笝 笸 箇

稼
禾 15
カ かせぐ
課
4 言 15
カ
蚊
虫 10
か
牙
牙 5
ガ ゲ きば
瓦
瓦 5
ガ かわら
我
6 戈 7
ガ* われ わ*
画
2 田 8
ガ カク
芽
4 艹 8
ガ め

漢字	学年	部首	画数	読み	筆順
賀	4	貝	12	ガ	フ カ 加 加 加 賀 賀 賀
雅		隹	13	ガ	工 牙 牙 牙 牙 牙 雅
餓		食	15	ガ	今 食 食 食 餓 餓 餓
介		人	4	カイ	ノ 八 介 介

漢字	学年	部首	画数	読み	筆順
回	2	口	6	カイ エ まわる まわす	丨 冂 冂 冋 回 回
灰	6	火	6	カイ* はい	一 厂 广 厂 灰 灰
会	2	人	6	カイ エ あう	ノ 八 亼 会 会 会
快	5	心	7	カイ こころよい	丶 丷 忄 忄 忄 快 快

漢字	学年	部首	画数	音読み	訓読み
戒		戈	7	カイ	いましめる
改	4	攵	7	カイ	あらためる・あらたまる
怪		心	8	カイ	あやしい・あやしむ
拐		手	8	カイ	
悔		心	9	カイ	くいる・くやむ・くやしい
海	2	水	9	カイ	うみ
界	3	田	9	カイ	
皆		白	9	カイ	みな

械 4 木 11 カイ
絵 2 糸 12 カイ エ
開 3 門 12 カイ ひらく ひらける あく あける
階 3 阝 12 カイ
塊 土 13 カイ かたまり
楷 木 13 カイ
解 5 角 13 カイ ゲ とく とかす とける
潰 水 15 カイ つぶす つぶれる

漢字	学年	部首	画数	音読み	訓読み
壊		土	16	カイ	こわす こわれる
懐		心	16	カイ	ふところ なつかしい なつかしむ なつく なつける
諧		言	16	カイ	
貝	1	貝	7		かい
外	2	夕	5	ガイ ゲ*	そと ほか はずす はずれる
劾		力	8	ガイ	
害	4	宀	10	ガイ	
崖		山	11	ガイ	がけ

涯
水
11
ガイ
街
4
行
12
ガイ
カイ*
まち
慨
心
13
ガイ
蓋
艹
13
ガイ
ふた
該
言
13
ガイ
概
木
14
ガイ
骸
骨
16
ガイ
垣
土
9
かき

柿
木 9
かき
各
4
口 6
カク
おのおの
角
2
角 7
カク
かど
つの
拡
6
手 8
カク
革
6
革 9
カク
かわ*
格
5
木 10
カク
コウ
核
木 10
カク
殻
殳 11
カク
から

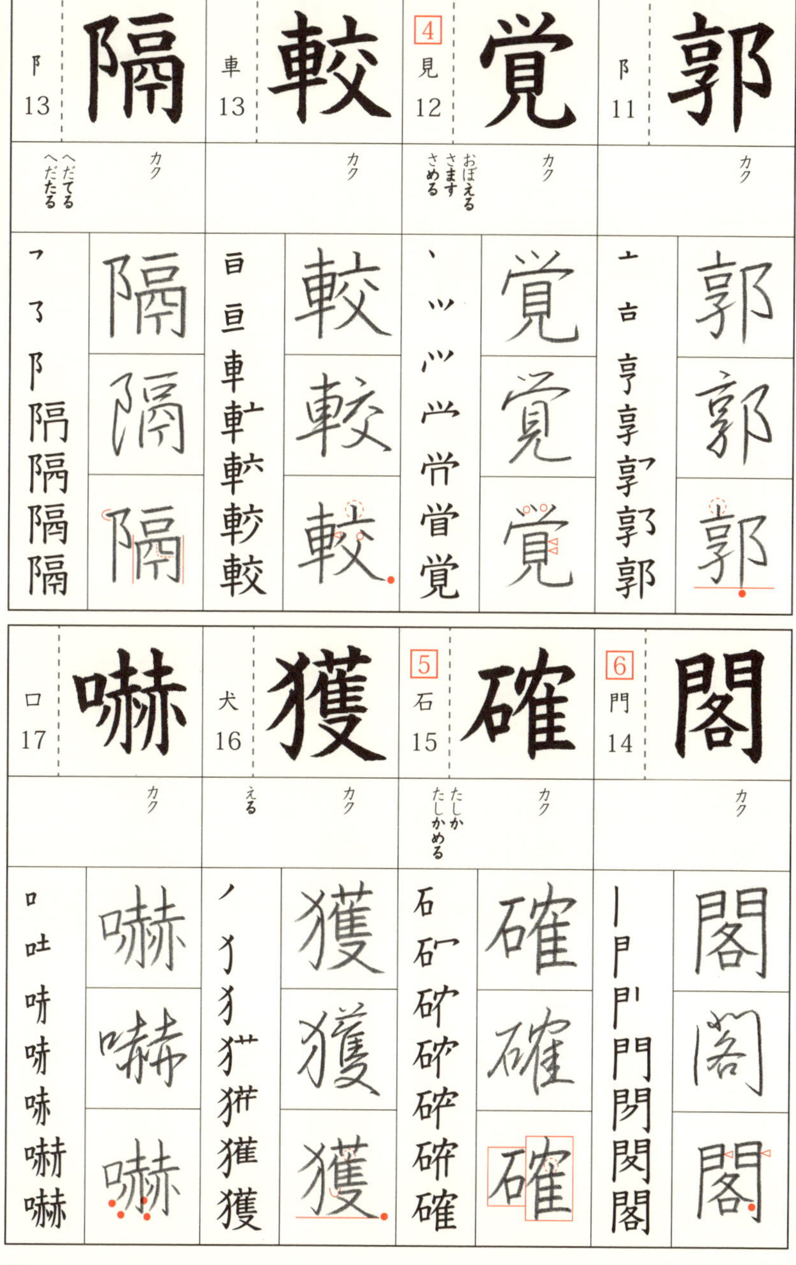

郭
阝
11
カク
4
覚
見
12
カク
おぼえる
さます
さめる
較
車
13
カク
隔
阝
13
カク
へだてる
へだたる
6
閣
門
14
カク
5
確
石
15
カク
たしか
たしかめる
獲
犬
16
カク
える
嚇
口
17
カク

漢字	部首・画数	学年	音	訓
穫	禾 18		カク	
学	子 8	1	ガク	まなぶ
岳	山 8		ガク	たけ
楽	木 13	2	ガク ラク	たのしい たのしむ
額	頁 18	5	ガク	ひたい
顎	頁 18		ガク	あご
掛	手 11			かける かかる かかり
潟	水 15	4		かた

漢字	部首・画数	読み	筆順
括	手 9	カツ	扌 扌 扌 扩 扦 括 括
活 (2)	水 9	カツ	丶 氵 氵 氵 汗 汗 活
喝	口 11	カツ	口 叩 叩 吅 喝 喝 喝
渇	水 11	カツ　かわく	氵 氵 沪 沪 渇 渇 渇
割 (6)	刀 12	カツ＊　わる　わり　われる　さく＊	丶 宀 宀 宇 宝 害 割
葛	艹 11	カツ　くず	艹 艹 昔 芦 葛 葛 葛
滑	水 13	カツ　コツ　すべる　なめらか	氵 氵 沪 沪 沪 滑 滑
褐	衣 13	カツ	衤 衤 衤 衵 褐 褐 褐

轄
車 17
カツ
且
一 5
かつ
株
6
木 10
かぶ
釜
金 10
かま
鎌
金 18
かま
刈
刀 4
かる
干
6
干 3
カン
ほす
ひる＊
刊
5
刀 5
カン

漢字	部首・画数	音読み	訓読み	筆順
甘	甘 5	カン	あまい あまえる あまやかす	一 十 廾 廿 甘
汗	水 6	カン	あせ	丶 冫 氵 汀 汗 汗
缶	缶 6	カン		ノ 𠂉 𠂊 午 缶 缶
完 [4]	宀 7	カン		丶 丷 宀 宀 宀 宇 完
肝	肉 7	カン	きも	ノ 刀 月 月 月 肝 肝
官 [4]	宀 8	カン		丶 丷 宀 宀 宀 官 官 官
冠	冖 9	カン	かんむり	冖 冖 冖 冗 完 完 冠 冠 冠
巻 [6]	己 9	カン	まく まき	丷 丷 半 关 券 巻 巻

6
看
目 9
カン
一 二 三 手 弄 看 看 看
陥
阝 10
カン
おちいる
おとしいれる
フ ろ 阝 阝' 阝ク 阝ケ 陥
乾
乙 11
カン
かわく
かわかす
十 古 直 卓 卓' 乾 乾
勘
力 11
カン
一 十 甘 甘 其 甚 勘
患
心 11
カン
わずらう
口 吕 吕 串 串 患 患
貫
貝 11
カン
つらぬく
乚 口 四 毌 毌 貫 貫
3
寒
宀 12
カン
さむい
、 宀 宀 宀 宝 寒 寒
喚
口 12
カン
丨 口 口' 吅 吅 喚 喚

堪 土 12 カン たえる
堪 堪 堪
一 十 土 圹 坩 坩 埧 堪 堪 堪

換 手 12 カン かえる かわる
換 換 換
一 十 扌 扩 扚 扚 扚 扚 換 換 換

敢 攵 12 カン
敢 敢 敢
一 工 干 干 亘 耳 耳 敢 敢

棺 木 12 カン
棺 棺 棺
一 十 木 木 木 木 木 柠 柠 棺 棺

款 欠 12 カン
款 款 款
一 十 士 圭 圭 圭 隶 款 款

間 2 門 12 カン ケン あいだ ま
間 間 間
丨 𠃌 尸 尸 門 門 門 間

閑 門 12 カン
閑 閑 閑
丨 𠃌 尸 尸 門 門 門 閑 閑

勧 力 13 カン すすめる
勧 勧 勧
𠂉 午 矢 矢 矢 奞 勧

寛
宀
13
カン
幹
5
干
13
カン
みき
感
3
心
13
カン
漢
3
水
13
カン
慣
5
心
14
カン
なれる
ならす
管
4
竹
14
カン
くだ
関
4
門
14
カン
せき
かかわる
歓
欠
15
カン

漢字	部首	画数	学年	音読み	訓読み
監	皿	15		カン	
緩	糸	15		カン	ゆるい ゆるやか ゆるむ ゆるめる
憾	心	16		カン	
還	辶	16		カン	
館	食	16	3	カン	やかた
環	玉	17		カン	
簡	竹	18	6	カン	
観	見	18	4	カン	

漢字	部首・画数	音	訓	書き順
韓	韋 18	カン		𠦝' 𠦝' 韓 韓 韓 韓 韓
艦	舟 21	カン		舟 舟 舟 舟 艦 艦 艦
鑑	金 23	カン	かんがみる	𠆢 金 金 金 鑑 鑑 鑑
丸	丶 3 ②	ガン	まる まるい まるめる	ノ 九 丸
含	口 7	ガン	ふくむ ふくめる	ノ 人 亼 今 今 含 含
岸	山 8 ③	ガン	きし	丨 山 山 山 屵 岸 岸
岩	山 8 ②	ガン	いわ	丨 山 山 山 岩 岩 岩
玩	玉 8	ガン		一 丅 干 王 玎 玩 玩

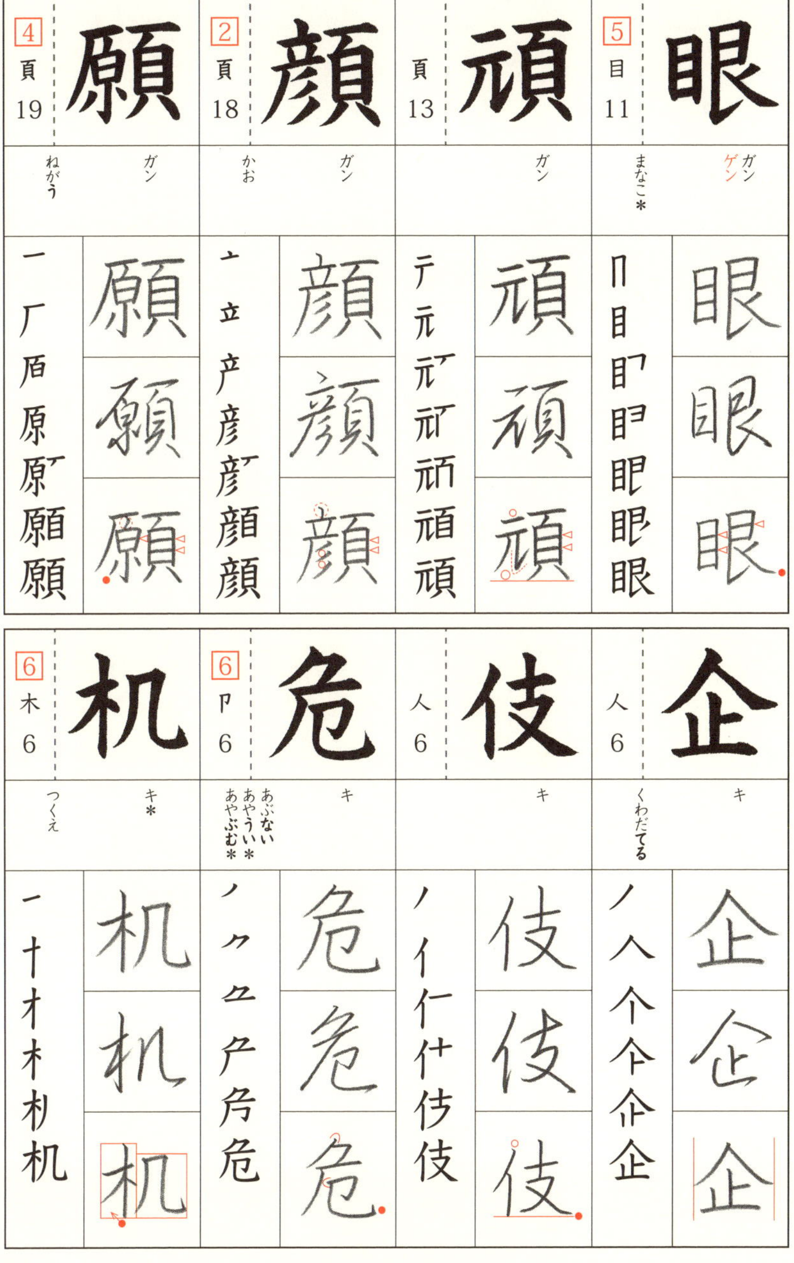
眼
5
目
11
ガン
ゲン
まなこ*
頑
頁
13
ガン
顔
2
頁
18
ガン
かお
願
4
頁
19
ガン
ねがう
企
人
6
キ
くわだてる
伎
人
6
キ
危
6
卩
6
キ
あぶない
あやうい*
あやぶむ*
机
6
木
6
キ*
つくえ

気
1
气
6
ケ キ
岐
4
山
7
キ
岐阜（ぎふ）
希
4
巾
7
キ
忌
心
7
キ
いむ
いまわしい
汽
2
水
7
キ
奇
大
8
キ
祈
示
8
キ
いのる
季
4
子
8
キ

漢字	学年	部首	画数	音	訓	筆順	手本
紀	5	糸	9	キ		く 幺 糸 糸 紀 紀 紀	紀 紀 紀
軌		車	9	キ		百 百 旦 車 軌 軌	軌 軌 軌
既		旡	10	キ	すでに	ヨ 艮 既 既 既 既 既	既 既 既
記	2	言	10	キ	しるす	言 言 言 言 記 記 記	記 記 記
起	3	走	10	キ	おきる おこる おこす	土 走 走 走 起 起 起	起 起 起
飢		食	10	キ	うえる	食 食 食 食 食 飢 飢	飢 飢 飢
鬼		鬼	10	キ	おに	由 由 由 由 鬼 鬼 鬼	鬼 鬼 鬼
帰	2	巾	10	キ	かえる かえす	丨 リ リ リ 帰 帰 帰	帰 帰 帰

漢字	学年	部首	画数	音読み	訓読み	筆順
基	5	土	11	キ	もと＊ もとい	一 十 卄 甘 其 其 基
寄	5	宀	11	キ	よる よせる	丶 宀 宀 宍 宑 寄 寄
規	5	見	11	キ		二 チ 夫 夫 知 規 規
亀		亀	11	キ	かめ	⺈ ⺈ 鱼 鱼 亀 亀 亀
喜	5	口	12	キ	よろこぶ	一 十 士 吉 吉 壴 喜
幾		幺	12	キ	いく	幺 幺幺 丝 丝 幾 幾 幾
揮	6	手	12	キ		一 扌 扌 扌 指 揮 揮
期	3	月	12	キ ゴ		一 卄 甘 其 期 期 期

漢字	部首	画数	学年	音	訓
棋	木	12		キ	
貴	貝	12	6	キ	たっとい＊ とうとい＊ たっとぶ＊ とうとぶ＊
棄	木	13		キ	
毀	殳	13		キ	
旗	方	14	4	キ	はた
器	口	15	4	キ	うつわ＊
畿	田	15		キ	
輝	車	15		キ	かがやく

機
4
木
16
キ
はた＊
騎
馬
18
キ
技
5
手
7
ギ
わざ＊
宜
宀
8
ギ
偽
人
11
ギ
いつわる
にせ
欺
欠
12
ギ
あざむく
義
5
羊
13
ギ
疑
6
疋
14
ギ
うたがう

漢字	部首	画数	読み
儀	人	15	ギ
戯	戈	15	ギ・たわむ**れる**
擬	手	17	ギ
犠	牛	17	ギ

4

漢字	部首	画数	読み
議	言	20	ギ
菊	艹	11	キク
吉	口	6	キチ・キツ
喫	口	12	キツ

字	部首	画数	音読み	訓読み	筆順
詰	言	13	キツ	つめる つまる つむ	言 言 言 言 計 計 詰 詰
却	卩	7	キャク		一 十 土 去 去 却 却
客 (3)	宀	9	キャク カク*		丶 丷 宀 宀 夕 灾 客
脚	肉	11	キャク キャ	あし	月 月 肚 胠 胠 脚 脚
逆 (5)	辶	9	ギャク	さか さからう	丷 䒑 㓞 屰 屰 逆 逆
虐	虍	9	ギャク	しいたげる	丨 ⺊ 广 卢 虍 虐 虐 虐
九 (1)	乙	2	キュウ ク	ここの ここのつ	ノ 九
久 (5)	ノ	3	キュウ ク	ひさしい	ノ ク 久

及 ノ 3 キュウ およぶ および およぼす
ノ 乃 及

弓 2 弓 3 キュウ* ゆみ
弓

丘 一 5 キュウ おか
丘

旧 5 日 5 キュウ
旧

休 1 人 6 キュウ やすむ やすまる やすめる
休

吸 6 口 6 キュウ すう
吸

朽 木 6 キュウ くちる
朽

臼 臼 6 キュウ うす
臼

漢字	級	部首	画数	音読み	訓読み	筆順
求	4	水	7	キュウ	もとめる	一 寸 寸 才 求 求 求
究	3	穴	7	キュウ	きわめる*	丶 丷 宀 穴 穴 究 究
泣	4	水	8	キュウ*	なく	丶 氵 氵 汁 汁 泣 泣
急	3	心	9	キュウ	いそぐ	𠂊 ⺈ 刍 刍 急 急 急
級	3	糸	9	キュウ		𡿨 幺 糸 糸 糹 紉 級 級
糾		糸	9	キュウ		𡿨 幺 糸 糸 糹 紃 糾
宮	3	宀	10	キュウ グウ* ク	みや	丶 丷 宀 宀 宁 宁 宮
救	5	攵	11	キュウ	すくう	一 寸 才 求 求 求 救

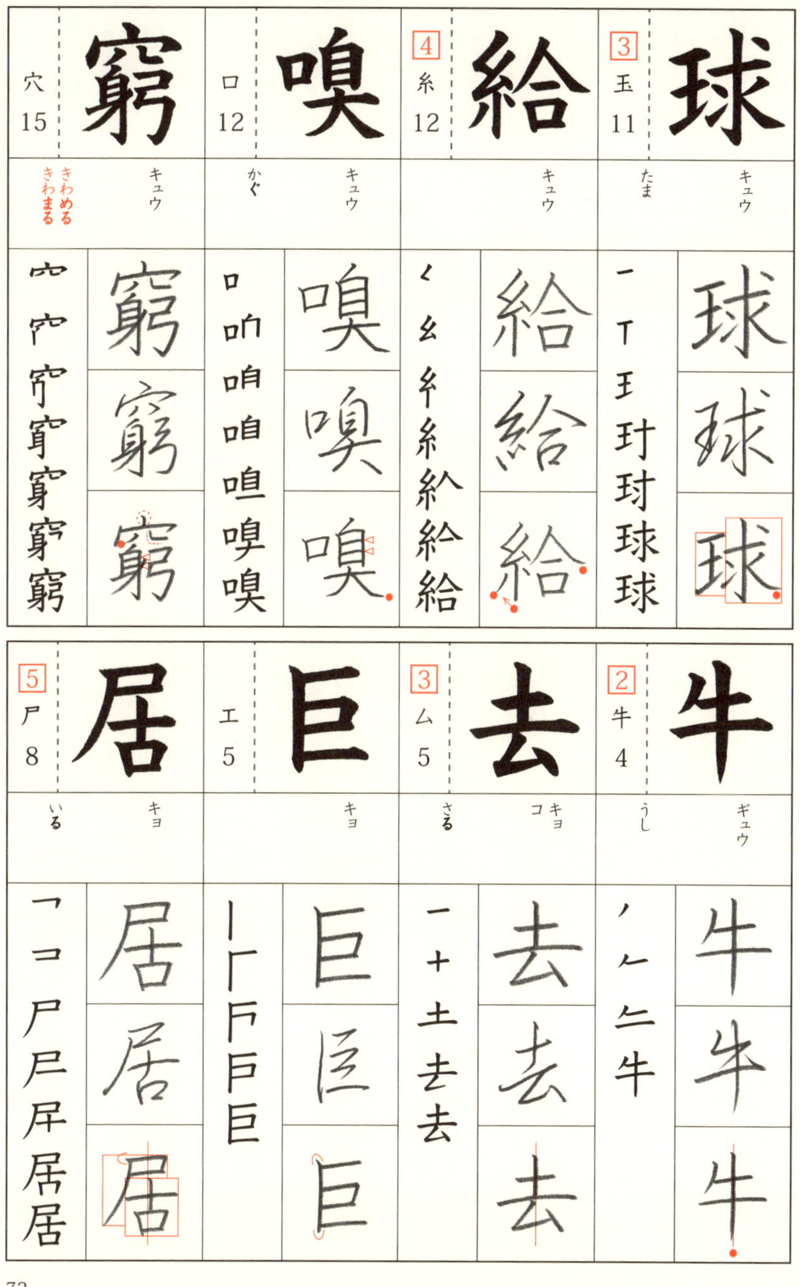
3
球
玉
11
キュウ
たま
一 丅 王 玎 玎 球 球
4
給
糸
12
キュウ
く 幺 糸 糸 紒 給 給
嗅
口
12
キュウ
かぐ
口 叩 咱 咱 嗅 嗅 嗅
窮
穴
15
キュウ
きわめる
きわまる
宀 穴 穸 穿 窮 窮 窮
2
牛
牛
4
ギュウ
うし
ノ 𠂉 牛 牛
3
去
ム
5
キョ
コ
さる
一 十 土 去 去
巨
エ
5
キョ
丨 厂 戸 戸 巨
5
居
尸
8
キョ
いる
コ コ 尸 尸 居 居 居

漢字	部首・画数	音	訓	筆順
拒	手 8	キョ	こばむ	一 扌 扌 扌 扌 扌 拒 拒
拠	手 8	キョ コ		一 扌 扌 扌 扨 扨 拠
挙 (4)	手 10	キョ	あげる あがる	丶 ⺍ 丗 兴 兴 誉 挙
虚	虍 11	キョ コ		卜 卜 广 卢 虍 虐 虚 虚
許 (5)	言 11	キョ	ゆるす	丶 亠 言 言 訁 訐 許
距	足 12	キョ		口 口 足 足 趵 距 距
魚 (2)	魚 11	ギョ	うお さかな	ノ ク 勺 名 鱼 鱼 魚
御	彳 12	ギョ ゴ	おん	彳 彳 衎 衎 徣 御 御

漁
4
水
14
ギョ
リョウ
シ
氵
氵ク
氵各
氵备
渔
渔
漁
凶
凵
4
キョウ
ノ
メ
区
凶
共
4
八
6
キョウ
とも
一
十
廾
廾
共
共
叫
口
6
キョウ
さけぶ
丨
ロ
口
口丨
口ㄴ
叫
狂
犬
7
キョウ
くるう
くるおしい
ノ
丿
犭
犭一
犭丅
犭干
狂
京
2
亠
8
キョウ
ケイ＊
丶
亠
亠
古
亨
亨
京
亨
亠
8
キョウ
亠
亠
古
古
亨
亨
亨
供
6
人
8
キョウ
ク
そなえる
とも
ノ
亻
亻一
亻十
亻廾
供
供

協	況	峡	挟
4 十 8	水 8	山 9	手 9
キョウ	キョウ	キョウ	キョウ はさむ はさまる
一 十 ｷ ｷﾌ ｷｶ ｷｶ ｷｶｶ 協	丶 ｼ ｼﾞ 沪 沪 沪 況	丨 山 山一 山ｱ 山ｴ 峡 峡	一 扌 扌 扌 扌 挟 挟

狭	恐	恭	胸
犬 9	心 10	心 10	6 肉 10
キョウ せまい せばめる せばまる	キョウ おそれる おそろしい	キョウ うやうやしい	キョウ むね むな*
ノ 犭 犭 犭 犭 狭 狭	一 エ 玑 巩 巩 恐 恐	廾 丗 共 共 恭 恭 恭	月 月 肑 肑 胸 胸 胸

漢字	学年	部首	画数	音読み	訓読み
脅		肉	10	キョウ	おびやかす　おどす　おどかす
強	2	弓	11	キョウ　ゴウ＊	つよい　つよまる　つよめる　しいる＊
教	2	攵	11	キョウ	おしえる　おそわる
郷	6	阝	11	キョウ　ゴウ＊	

漢字	学年	部首	画数	音読み	訓読み
境	5	土	14	キョウ　ケイ＊	さかい
橋	3	木	16	キョウ	はし
矯		矢	17	キョウ	ためる
鏡	4	金	19	キョウ	かがみ

漢字	部首	画数	音読み	訓読み	筆順
競 4	立	20	キョウ ケイ	きそう* せる	亠 立 音 竟 竞 竸 競
響	音	20	キョウ	ひびく	乡 纟 组 绝 郷 響 響
驚	馬	22	キョウ	おどろく おどろかす	艹 苟 敬 敬 幣 驚 驚
仰	人	6	ギョウ コウ	あおぐ おおせ	ノ 亻 亻 仡 仰 仰
暁	日	12	ギョウ	あかつき	日 日一 日十 日土 日圥 暁 暁
業 3	木	13	ギョウ ゴウ	わざ*	〃 〃 业 业 丵 業 業
凝	冫	16	ギョウ	こる こらす	冫 冫ヒ 冫 冫矣 冫矣 凝 凝 凝
曲 3	曰	6	キョク	まがる まげる	丨 冂 巾 巾 曲 曲

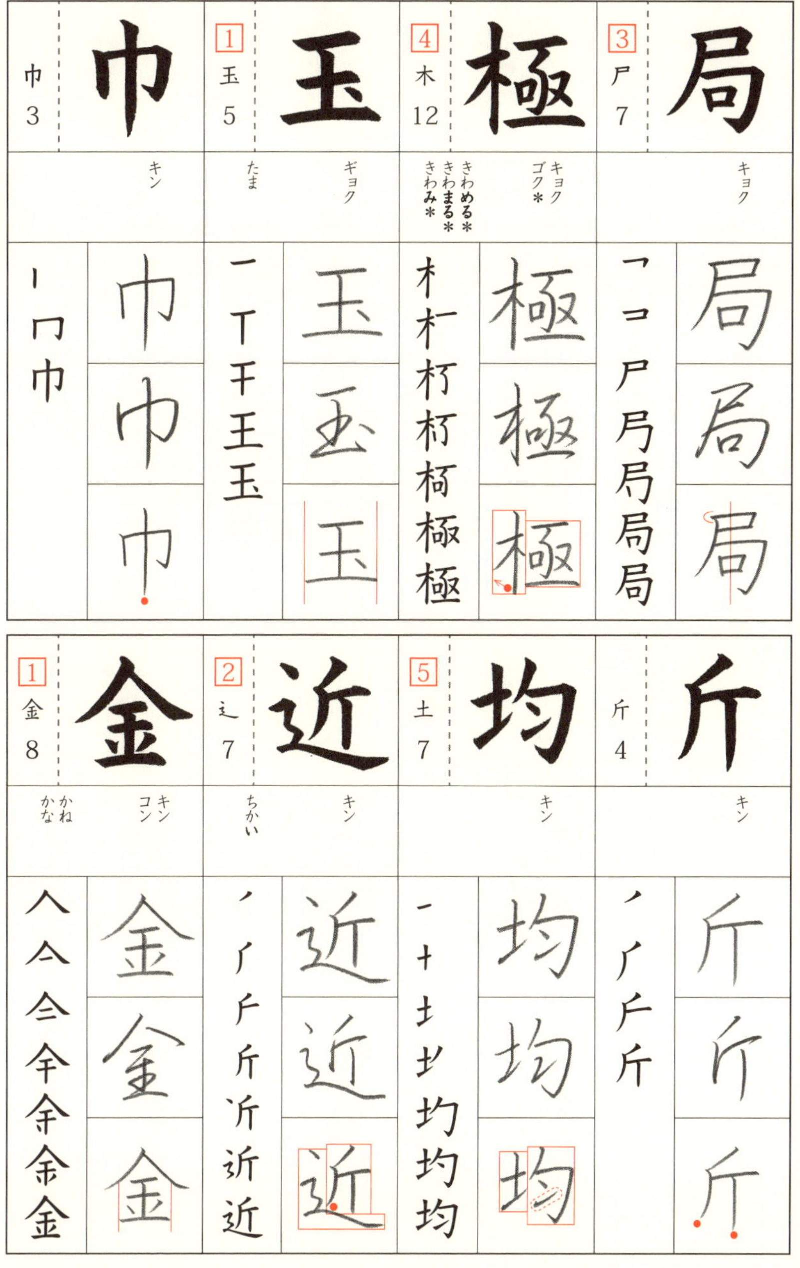

漢字	学年	部首	画数	音	訓	筆順
局	3	尸	7	キョク		㇕ コ 尸 号 局 局 局
極	4	木	12	キョク ゴク＊	きわめる＊ きわまる＊ きわみ＊	木 朩 朾 朾 柯 柯 極 極
玉	1	玉	5	ギョク	たま	一 丁 干 王 玉
巾		巾	3	キン		丨 冂 巾
斤		斤	4	キン		ノ 厂 斤 斤
均	5	土	7	キン		一 十 土 圴 圴 均 均
近	2	辶	7	キン	ちかい	ノ 厂 斤 斤 䜣 䜣 近
金	1	金	8	キン コン	かね かな	人 亼 今 今 伞 余 金 金

漢字	学年	部首	画数	音読み	訓読み
菌		艹	11	キン	
勤	6	力	12	キン・ゴン	つとめる・つとまる
琴		玉	12	キン	こと
筋	6	竹	12	キン	すじ
僅		人	12	キン	わずか
禁	5	示	13	キン	
緊		糸	15	キン	
錦		金	16	キン	にしき

漢字	部首・画数	音読み	訓読み	筆順
謹	言 17	キン	つつしむ	言 言 言一 詌 詌 謹 謹
襟	衣 18	キン	えり	衤 衤 衤 衤林 襟 襟 襟
吟	口 7	ギン		口 口 口 口ノ 口人 吟 吟
銀 (3)	金 14	ギン		ノ 亼 金 金 金ヨ 金艮 銀
区 (3)	匚 4	ク		一 ア 又 区
句 (5)	口 5	ク		ノ 勹 勺 句 句
苦 (3)	艹 8	ク	くるしい くるしむ くるしめる にがい にがる	一 十十 艹 芏 苹 苦 苦
駆	馬 14	ク	かける かる	丨 Ⅱ 馬 馬 馬一 駆 駆

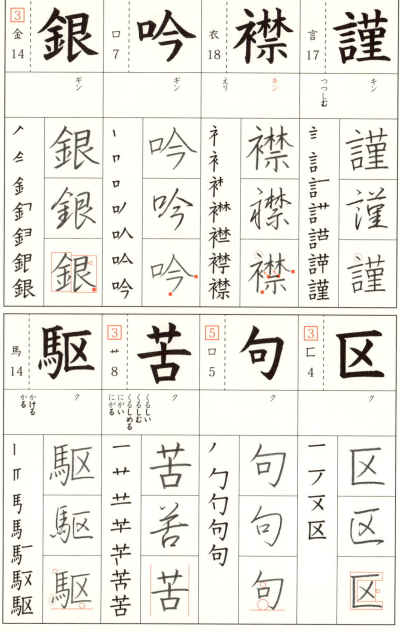

具
3
八
8
グ
惧
心
11
グ
愚
心
13
グ
おろか
空
1
穴
8
クウ
そら
あく
あける
から
偶
人
11
グウ
遇
⻌
12
グウ
隅
阝
12
グウ
すみ
串
丨
7
くし

屈
尸 8
クツ
掘
手 11
クツ
ほる
窟
穴 13
クツ
熊
4
火 14
くま
繰
糸 19
くる
君
3
口 7
クン
きみ
訓
4
言 10
クン
勲
力 15
クン

薫
艹
16
クン
かおる
軍
4
車
9
グン
郡
4
阝
10
グン
群
4
羊
13
グン
むれる
むれ
むら
兄
2
儿
5
ケイ
キョウ*
あに
刑
刀
6
ケイ
形
2
彡
7
ケイ
ギョウ
かた
かたち
系
6
糸
7
ケイ

ケイ―ケイ

漢字	級	部首	画数	音読み	訓読み	筆順
径	4	彳	8	ケイ		ノ 彳 彳 彳又 径 径 径 径
茎		艹	8	ケイ	くき	一 艹 艹 艾 茎 茎 茎 茎
係	3	人	9	ケイ	かかる かかり	亻 亻 亻 亻 係 係 係 係 係
型	5	土	9	ケイ	かた	二 于 开 开 刑 刑 型 型
契		大	9	ケイ	ちぎる	一 十 丰 丰 丰 契 契 契 契
計	2	言	9	ケイ	はかる はからう	丶 亠 亠 言 言 言 言 計 計
恵		心	10	ケイ エ	めぐむ	一 可 戸 百 亩 恵 恵 恵
啓		口	11	ケイ		丶 ㄱ 戸 戸 戸 戸 启 启 啓

掲
手
11
ケイ
かかげる
溪
水
11
ケイ
経
5
糸
11
ケイ
キョウ*
へる
蛍
虫
11
ケイ
ほたる
敬
6
攵
12
ケイ
うやまう
景
4
日
12
ケイ
軽
3
車
12
ケイ
かるい
かろやか*
傾
人
13
ケイ
かたむく
かたむける

漢字	部首	画数	読み	筆順
携	手	13	ケイ／たずさえる・たずさわる	扌 扌 扌 扌 推 携 携
継	糸	13	ケイ／つぐ	糸 糸 糸 糸 糸 継 継
詣	言	13	ケイ／もうでる	言 言 言 言 詣 詣 詣
慶	心	15	ケイ	亠 广 户 声 声 慶 慶
憬	心	15	ケイ	忄 忄 忄 忄 憬 憬 憬
稽	禾	15	ケイ	禾 禾 禾 禾 禾 稽 稽
憩	心	16	ケイ／いこい・いこう	二 千 舌 舌 舌 憩 憩
警	言	19	ケイ	艹 艹 苟 苟 敬 警 警

6

漢字	部首・画数	読み	筆順
鶏	鳥 19	ケイ / にわとり	爫 爫 奚 奚 奚 鶏 鶏
芸 (4)	艹 7	ゲイ	一 十 艹 廿 芏 芸 芸
迎	辶 7	ゲイ / むか**える**	ノ 匚 卬 卬 卬 迎 迎
鯨	魚 19	ゲイ / くじら	ク 角 角 魚 魚 鯨 鯨
隙	阝 13	ゲキ / すき	㇇ 阝 阝 阝 阝 隙 隙
劇 (6)	刀 15	ゲキ	｜ ト 广 广 虍 豦 劇
撃	手 15	ゲキ / うつ	一 亘 車 車 毄 撃 撃
激 (6)	水 16	ゲキ / はげしい	氵 泊 泊 湯 湯 激 激

漢字	部首	画数	級	音読み	訓読み	筆順
桁	木	10			けた	一 十 木 杉 朽 杤 杤 桁
欠	欠	4	4	ケツ	かける かく	ノ ク ケ 欠
穴	穴	5	6	ケツ＊	あな	丶 丷 宀 穴 穴
血	血	6	3	ケツ	ち	ノ 丿 𠂉 血 血 血
決	水	7	3	ケツ	きめる きまる	丶 冫 氵 氵 江 决 決
結	糸	12	4	ケツ	むすぶ ゆう＊ ゆわえる＊	く 幺 糸 糸 糸 結 結
傑	人	13		ケツ		亻 亻 伊 伊 伊 伊 傑
潔	水	15	5	ケツ	いさぎよい	氵 汁 洁 洯 洯 潔 潔

月
1
月
4
ゲツ
ガツ
つき
丿 冂 月 月
犬
1
犬
4
ケン
いぬ
一 ナ 大 犬
件
5
人
6
ケン
丿 亻 仁 仁 件 件
見
1
見
7
ケン
みる
みえる
みせる
丨 冂 冃 月 目 旦 見
券
6
刀
8
ケン
丶 丷 兰 类 券 券
肩
肉
8
ケン
かた
一 ニ ヨ 戸 戸 肩 肩
建
4
廴
9
ケン
コン
たてる
たつ
フ ヨ ヨ 聿 聿 律 建
研
3
石
9
ケン
とぐ*
一 厂 石 石 矸 矸 研

3 県 目 9 ケン
倹 人 10 ケン
兼 八 10 ケン かねる
剣 刀 10 ケン つるぎ
拳 手 10 ケン こぶし
軒 車 10 ケン のき
4 健 人 11 ケン すこやか*
5 険 阝 11 ケン けわしい

圏
口
12
ケン
堅
土
12
ケン
かたい
検
5
木
12
ケン
嫌
女
13
ケン
ゲン
きらう
いや
献
犬
13
ケン
コン
絹
6
糸
13
ケン
きぬ
遣
辶
13
ケン
つかう
つかわす
権
6
木
15
ケン
ゴン

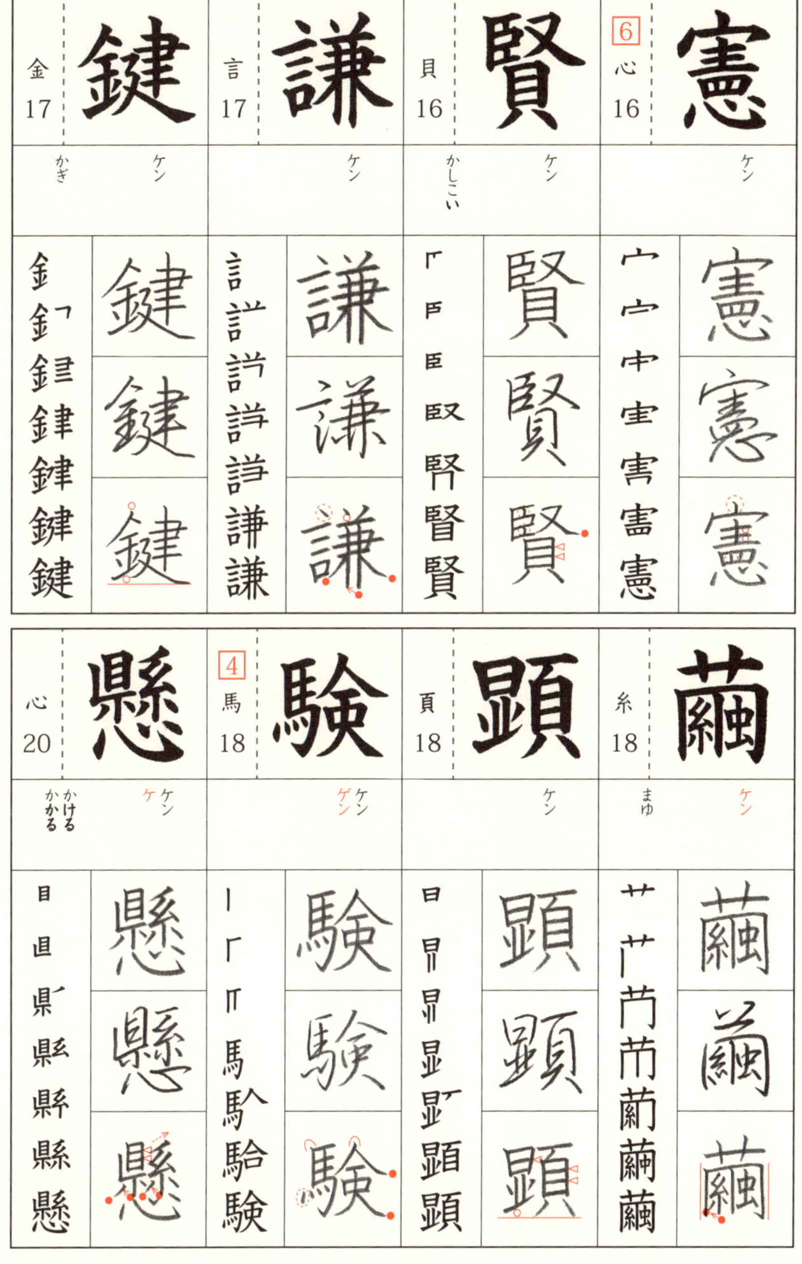

憲	賢	謙	鍵
6 心 16	貝 16	言 17	金 17
ケン	ケン かしこい	ケン	ケン かぎ

繭	顕	験	懸
糸 18	頁 18	4 馬 18	心 20
ケン まゆ	ケン	ケン ゲン	ケン ケ かける かかる

漢字	級	部首	画数	音読み	訓読み	筆順
元	2	儿	4	ゲン ガン	もと	一 二 テ 元
幻		幺	4	ゲン	まぼろし	く 幺 幺 幻
玄		玄	5	ゲン		丶 亠 亡 玄 玄
言	2	言	7	ゲン ゴン	いう こと	丶 亠 亠 亖 言 言 言
弦		弓	8	ゲン	つる	フ コ 弓 弘 弘 弦 弦
限	5	阝	9	ゲン	かぎる	フ 了 阝 阝 阝 阴 限 限 限
原	2	厂	10	ゲン	はら	一 厂 厂 历 盾 盾 原 原
現	5	玉	11	ゲン	あらわれる あらわす	一 丁 王 玑 玥 現 現

舷
舟 11
ゲン
減
5 水 12
ゲン
へる へらす
源
6 水 13
ゲン
みなもと
厳
6 ⺍ 17
ゲン ゴン
おごそか＊ きびしい
己
6 己 3
コ キ＊
おのれ＊
戸
2 戸 4
コ
と
古
2 口 5
コ
ふるい ふるす
呼
6 口 8
コ
よぶ

固 4 口 8 コ かためる かたまる かたい
股 肉 8 コ また
虎 虍 8 コ とら
孤 子 9 コ
弧 弓 9 コ
故 5 攵 9 コ ゆえ*
枯 木 9 コ かれる からす
個 5 人 10 コ

漢字	部首	画数	学年	音読み	訓読み	筆順
庫	广	10	3	コ・ク		亠 广 广 庐 庐 庫 庫
湖	水	12	3	コ	みずうみ	氵 氵 汁 沽 沽 湖 湖
雇	隹	12		コ	やとう	三 戸 戸 戸 屏 屏 雇
誇	言	13		コ	ほこる	言 言 訁 訂 訡 誇 誇
鼓	鼓	13		コ	つづみ	士 吉 壴 壴 壴 鼓 鼓
錮	金	16		コ		𠆢 金 金 釦 釦 錮 錮
顧	頁	21		コ	かえりみる	戸 戸 戸 戸 雇 雇 顧
五	二	4	1	ゴ	いつ・いつつ	一 丆 万 五

互
二 4
ゴ
たがい
一 工 互 互
午
2 十 4
ゴ
ノ 𠂉 𠂉 午
呉
口 7
ゴ
丶 口 口 吕 吴 呉 呉
後
2 彳 9
ゴ
コウ
のち
うしろ
あと
おくれる*
ノ 彳 彳 彸 後 後 後
娯
女 10
ゴ
く 女 如 如 娯 娯 娯
悟
心 10
ゴ
さとる
丶 忄 忄 忏 悟 悟 悟
碁
石 13
ゴ
一 艹 甘 其 其 碁 碁
語
2 言 14
ゴ
かたる
かたらう
言 言 訂 訂 語 語 語

漢字	学年	部首	画数	音読み	訓読み	筆順
誤	6	言	14	ゴ	あやまる	言 言 訂 誤 誤 誤 誤
護	5	言	20	ゴ		言 言 詳 詳 詳 護 護
口	1	口	3	コウ ク	くち	丨 冂 口
工	2	工	3	コウ ク		一 丅 工
公	2	八	4	コウ	おおやけ*	ノ 八 公 公
勾		勹	4	コウ		ノ 勹 勾 勾
孔		子	4	コウ		フ 了 子 孔
功	4	力	5	コウ ク		一 丅 工 玏 功

巧
工 5
コウ
たくみ
広
2 广 5
コウ
ひろい ひろまる ひろめる ひろがる ひろげる
甲
田 5
コウ カン
交
2 亠 6
コウ
まじわる まじえる まじる・まざる まぜる かう＊ かわす＊
光
2 儿 6
コウ
ひかる ひかり
向
3 口 6
コウ
むく むける むかう むこう
后
6 口 6
コウ
好
4 女 6
コウ
このむ すく

江　水　6
コウ
え
丶　氵　氵　氵一　汀　江

考　耂　6　2
コウ
かんがえる
一　十　土　耂　老　考

行　行　6　2
コウ　ギョウ　アン
いく　ゆく　おこなう
ノ　ク　彳　彳一　行　行

坑　土　7
コウ
一　十　土　圹　圹　圹　坑

孝　子　7　6
コウ
一　十　土　耂　老　孝　孝

抗　手　7
コウ
一　十　扌　扌　扩　扩　抗

攻　攵　7
コウ
せめる
一　T　工　工/　工ケ　工攵　攻

更　曰　7
コウ
さら　ふける　ふかす
一　ㄏ　百　百　亘　更　更

漢字	学年	部首	画数	音読み	訓読み
効	5	力	8	コウ	きく
幸	3	干	8	コウ	さいわい、さち*、しあわせ
拘		手	8	コウ	
肯		肉	8	コウ	
侯		人	9	コウ	
厚	5	厂	9	コウ*	あつい
恒		心	9	コウ	
洪		水	9	コウ	

皇	紅	荒	郊
6 白 9	6 糸 9	艹 9	阝 9
コウ オウ	コウ ク* べに くれない*	コウ あらい あれる あらす	コウ
皇	紅	荒	郊

香	候	校	耕
4 香 9	4 人 10	1 木 10	5 耒 10
コウ キョウ か かおり かおる	コウ そうろう	コウ	コウ たがやす
香	候	校	耕

航
5
舟
10
コウ
貢
貝
10
コウ
ク
みつぐ
降
6
阝
10
コウ
おりる
おろす
ふる
高
2
高
10
コウ
たかい
たか
たかまる
たかめる
康
4
广
11
コウ
控
手
11
コウ
ひかえる
梗
木
11
コウ
黄
2
黄
11
コウ＊
オウ
き
こ＊

喉
口
12
コウ
のど
慌
心
12
コウ
あわてる
あわただしい
港
3
水
12
コウ
みなと
硬
石
12
コウ
かたい
絞
糸
12
コウ
しぼる
しめる
しまる
項
頁
12
コウ
溝
水
13
コウ
みぞ
鉱
5
金
13
コウ

コウ―コウ

構 5 木 14 コウ かまえる かまう
木 村 杜 構 構 構 構 構

綱 糸 14 コウ つな
糸 糹 紅 紅 網 網 綱 綱

酵 酉 14 コウ
一 冂 西 酉 酎 酵 酵 酵

稿 禾 15 コウ
二 千 禾 利 秆 稿 稿 稿

興 5 臼 16 コウ キョウ おこる おこす
丨 ト 印 印 印 嗣 興 興

衡 行 16 コウ
彳 彳 彳 衍 衍 衡 衡 衡

鋼 6 金 16 コウ はがね＊
ノ 亼 全 金 釗 鋼 鋼 鋼

講 5 言 17 コウ
言 訁 訁 講 講 講 講 講

字	部首・画数	読み	筆順
購	貝 17	コウ	貝 貝一 貝艹 貝卄 購 購 購
乞	乙 3	こう	ノ 𠂉 乞
号 ③	口 5	ゴウ	丶 口 口 旦 号
合 ②	口 6	ゴウ ガッ カッ あう あわす あわせる	ノ 人 亼 今 合 合
拷	手 9	ゴウ	扌 扌 扌 扌 拷 拷 拷
剛	刀 10	ゴウ	冂 円 円 冈 岡 剛 剛
傲	人 13	ゴウ	亻 仕 佳 侍 傍 傲 傲
豪	豕 14	ゴウ	亠 亭 亭 亭 豪 豪 豪

克
儿 7
コク
一 十 十 古 古 声 克
告
5
口 7
コク
つげる
ノ 𠂉 牛 生 牛 告 告
谷
2
谷 7
コク＊
たに
ノ 八 八 𠆢 谷 谷 谷
刻
6
刀 8
コク
きざむ
丶 亠 亠 亥 亥 亥 刻
国
2
口 8
コク
くに
冂 冂 冂 円 国 国 国
黒
2
黒 11
コク
くろ
くろい
冂 日 甲 甲 里 里 黒
穀
6
禾 14
コク
一 声 壴 㲃 㲃 穀 穀
酷
酉 14
コク
丅 丙 酉 酉 酉 酷 酷

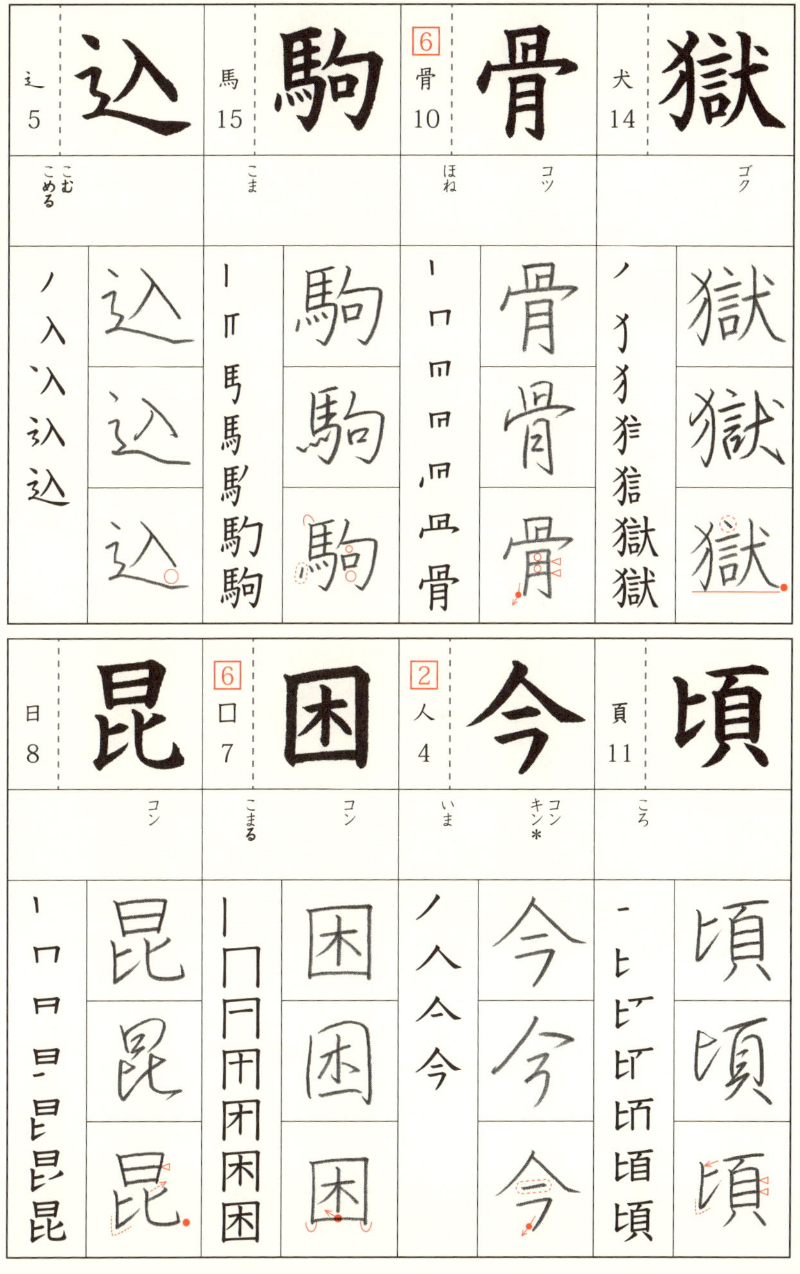
獄
犬 14
ゴク
6
骨
骨 10
コツ
ほね
駒
馬 15
こま
込
辶 5
こむ
こめる
頃
頁 11
ころ
2
今
人 4
コン
キン*
いま
6
困
口 7
コン
こまる
昆
日 8
コン

漢字	部首	画数	級	音読み	訓読み	筆順
恨	心	9		コン	うらむ うらめしい	忄 忄 忄 忄 恨 恨 恨
根	木	10	3	コン	ね	木 木 木 木 根 根 根
婚	女	11		コン		女 女 女 女 婚 婚 婚
混	水	11	5	コン	まじる まざる まぜる こむ	氵 氵 氵 氵 混 混 混
痕	疒	11		コン	あと	亠 广 疒 疒 疒 痕 痕
紺	糸	11		コン		幺 糸 糸 糸 紺 紺 紺
魂	鬼	14		コン	たましい	二 云 云 云 云 魂 魂
墾	土	16		コン		豸 豸 豸 豸 豸 豸 墾

懇
心 17
コン
ねんごろ

懇 懇 懇

筆順: 𠂉 ⺈ 豸 … 貇 懇

左
1
エ 5
サ
ひだり

左 左 左

筆順: 一 ナ 左

佐
4
人 7
サ

佐 佐 佐

筆順: ノ 亻 仁 什 佐

沙
水 7
サ

沙 沙 沙

筆順: 丶 冫 氵 沙

査
5
木 9
サ

査 査 査

筆順: 一 十 木 杏 查 査

砂
6
石 9
サ
シャ*
すな

砂 砂 砂

筆順: 一 厂 石 砂

唆
口 10
サ
そそのかす

唆 唆 唆

筆順: 口 唆

差
4
エ 10
サ
さす

差 差 差

筆順: 丷 差

詐
言
12
サ
鎖
金
18
サ
くさり
座
6
广
10
ザ
すわる＊
挫
手
10
ザ
才
2
手
3
サイ
再
5
冂
6
サイ
サ
ふたたび
災
5
火
7
サイ
わざわい＊
妻
5
女
8
サイ
つま

漢字	部首	画数	音読み	訓読み	筆順
采	爪	8	サイ		一 ˊ ⺤ 平 采
砕	石	9	サイ	くだく くだける	一 ア 石 石' 砕
宰	宀	10	サイ		丶 宀 宰
栽	木	10	サイ		十 土 栽
彩	彡	11	サイ	いろどる	一 ˊ ⺤ 平 采 彩
採 (5)	手	11	サイ	とる	扌 扌 採
済 (6)	水	11	サイ	すむ すます	氵 汁 済
祭 (3)	示	11	サイ	まつる まつり	ノ ク 祭

漢字	学年	部首	画数	音読み	訓読み	筆順
斎		斉	11	サイ		亠 文 文 产 斉 斎 斎
細	2	糸	11	サイ	ほそい ほそる こまか こまかい	く 幺 糸 糸 糿 紃 細
菜	4	艹	11	サイ	な	一 艹 艹 艹 苎 苹 菜
最	4	日	12	サイ	もっとも	日 旦 早 昰 昰 最 最
裁	6	衣	12	サイ	たつ* さばく	土 去 圭 表 裁 裁 裁
債		人	13	サイ		亻 亻 亻 亻 倩 倩 債
催		人	13	サイ	もよおす	ノ 亻 亻 亻 亻 催 催
塞		土	13	サイ ソク	ふさぐ ふさがる	宀 宀 宀 宙 寒 寒 塞

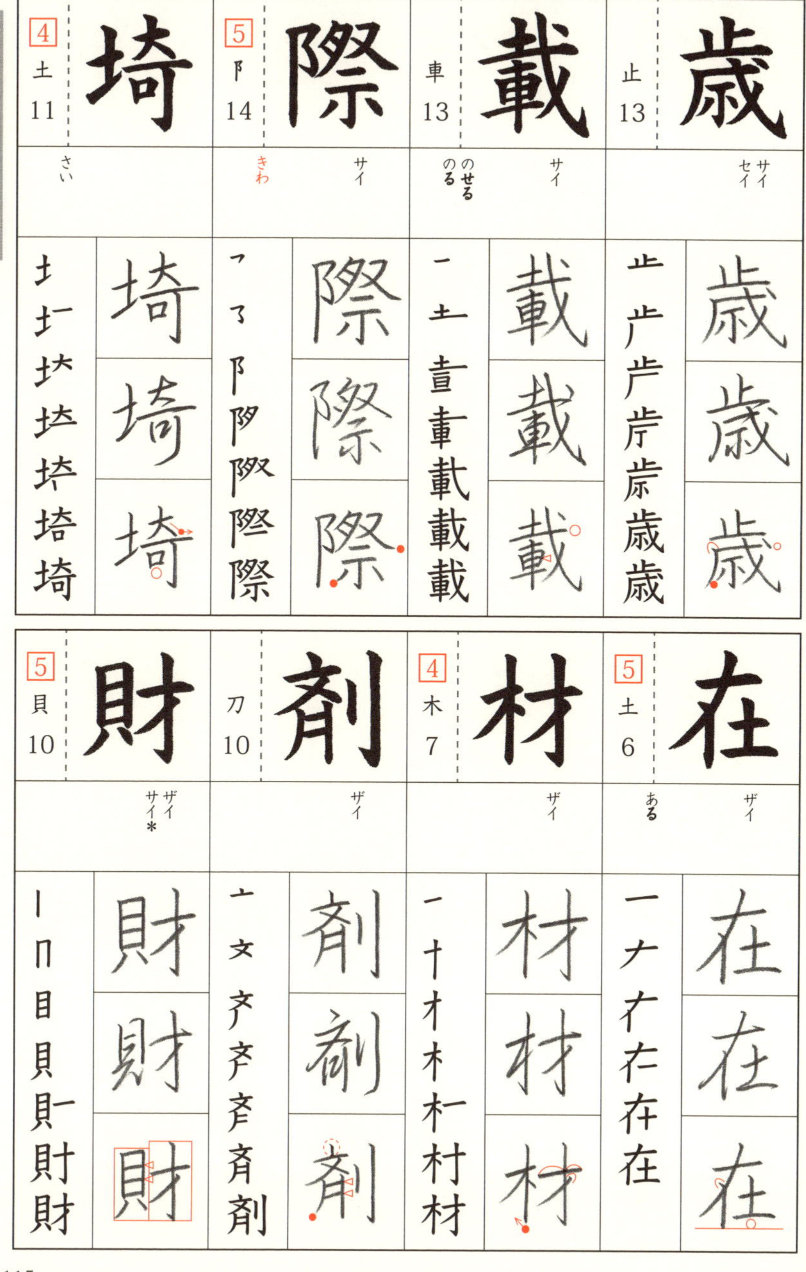

歳 止 13 サイ・セイ

載 車 13 サイ・のせる・のる

際 5 阝 14 サイ・きわ

埼 4 土 11 さい

在 5 土 6 ザイ・ある

材 4 木 7 ザイ

剤 刀 10 ザイ

財 5 貝 10 ザイ・サイ*

罪
5
罒
13
ザイ
つみ
崎
4
山
11
さき
作
2
人
7
サク
サ
つくる
削
刀
9
サク
けずる
昨
4
日
9
サク
柵
木
9
サク
索
糸
10
サク
策
6
竹
12
サク

漢字	部首・画数	音読み	訓読み	筆順
酢	酉 12	サク	す	冂 西 酉 酉 酉 酢 酢
搾	手 13	サク	しぼる	扌 扩 扩 搾 搾 搾 搾
錯	金 16	サク		乍 金 金 鉗 鉗 錯 錯
咲	口 9		さく	口 口 口 口 咲 咲 咲
冊	6 冂 5	サツ サク		丨 冂 冂 冊 冊
札	4 木 5	サツ	ふだ	一 十 才 木 札
刷	4 刀 8	サツ	する	フ コ 尸 吊 吊 刷 刷
刹	刀 8	サツ セツ		ノ メ 㐅 杀 杀 刹 刹

撮
手
15
サツ
とる
察
4
宀
14
サツ
殺
5
殳
10
サツ
サイ
セツ
ころす
拶
手
9
サツ
三
1
一
3
サン
み
みつ
みっつ
皿
3
皿
5
さら
雑
5
隹
14
ザツ
ゾウ
擦
手
17
サツ
する
すれる

山 1 山 3 サン やま
参 4 ム 8 サン まいる
桟 木 10 サン
蚕 6 虫 10 サン かいこ
惨 心 11 サン ザン みじめ
産 4 生 11 サン うむ うまれる うぶ
傘 人 12 サン かさ
散 4 攵 12 サン ちる ちらす ちらかす ちらかる

算
2
竹
14
サン
酸
5
酉
14
サン
すい
賛
5
貝
15
サン
残
4
歹
10
ザン
のこる
のこす
斬
斤
11
ザン
きる
暫
日
15
ザン
士
5
士
3
シ
子
1
子
3
シ
ス
こ

漢字	学年	部首	画数	音読み	訓読み	筆順
仕	3	人	5	シ ジ	つかえる	ノ イ 仁 什 仕
氏	4	氏	4	シ	うじ＊	ノ 𠂉 E 氏
止	2	止	4	シ	とまる とめる	｜ ト 屮 止
支	5	支	4	シ	ささえる	一 十 㞢 支
市	2	巾	5	シ	いち	丶 亠 亣 巿 市
四	1	口	5	シ	よ よつ よっつ よん	｜ 冂 冖 四 四
司	4	口	5	シ		𠃌 ㇆ 司 司 司
史	5	口	5	シ		｜ 冂 口 中 史

漢字	学年	部首	画数	音読み	訓読み
矢	2	矢	5	シ	や

漢字	学年	部首	画数	音読み	訓読み
旨		日	6	シ	むね

漢字	学年	部首	画数	音読み	訓読み
死	3	歹	6	シ	しぬ

漢字	学年	部首	画数	音読み	訓読み
糸	1	糸	6	シ	いと

漢字	学年	部首	画数	音読み	訓読み
至	6	至	6	シ	いたる

漢字	学年	部首	画数	音読み	訓読み
伺		人	7	シ	うかがう

漢字	学年	部首	画数	音読み	訓読み
志	5	心	7	シ	こころざす こころざし

漢字	学年	部首	画数	音読み	訓読み
私	6	禾	7	シ	わたくし わたし

漢字	学年	部首	画数	音読み	訓読み	筆順
使	3	人	8	シ	つかう	亻 仁 仁 佢 伊 使 使
刺		刀	8	シ	さす ささる	一 冂 市 朿 朿 刺 刺
始	3	女	8	シ	はじめる はじまる	く 女 女 女 女 始 始
姉	2	女	8	シ*	あね	く 女 女 女' 女 姉 姉
枝	5	木	8	シ	えだ	一 十 木 木 村 枝 枝
祉		示	8	シ		ラ ネ ネ 礻 礼 祉 祉
肢		肉	8	シ		丿 刀 月 月 肝 肢 肢
姿	6	女	9	シ	すがた	丶 冫 冫 次 姿 姿 姿

漢字	学年	部首	画数	音読み	訓読み	筆順
思	2	心	9	シ	おもう	丨 冂 田 田 田 思 思
指	3	手	9	シ	ゆび さす	一 扌 扌 扌 扌 指 指
施		方	9	シ セ	ほどこす	亠 方 方 方 方 施 施
師	5	巾	10	シ		ノ 亻 卩 自 自 師 師
恣		心	10	シ		冫 冫 次 次 恣 恣 恣
紙	2	糸	10	シ	かみ	幺 糸 糸 糸 紅 紙 紙
脂		肉	10	シ	あぶら	月 月 月 月 脂 脂 脂
視	6	見	11	シ		丶 ラ ネ ネ 礼 祖 視

漢字	学年	部首	画数	音読み	訓読み
紫		糸	12	シ	むらさき
詞	6	言	12	シ	
歯	3	歯	12	シ	は
嗣		口	13	シ	
試	4	言	13	シ	こころみる ためす*
詩	3	言	13	シ	
資	5	貝	13	シ	
飼	5	食	13	シ	かう

紫 紫 紫

丨 ⺊ 止 止 此 些 紫

詞 詞 詞

亠 亠 言 訂 訶 訶 詞

歯 歯 歯

丨 ⺊ 止 歨 歨 歯 歯

嗣 嗣 嗣

口 月 冊 冊 嗣 嗣 嗣

試 試 試

言 言 訁 訂 訂 試 試

詩 詩 詩

亠 亠 言 計 詰 詩 詩

資 資 資

冫 冫 次 次 资 資 資

飼 飼 飼

人 今 今 食 飼 飼 飼

漢字	部首・画数	音読み	訓読み	筆順
誌	6 言 14	シ		言 訁 計 計 誌 誌 誌 誌
雌	隹 14	シ	め めす	丨 止 此 此 此 雌 雌
摯	手 15	シ		土 幸 執 執 執 摯 摯
賜	貝 15	シ	たまわる	目 貝 貝 則 則 賜 賜
諮	言 16	シ	はかる	言 言 言 言 訟 諮 諮
示	5 示 5	ジ シ*	しめす	一 二 亍 示 示
字	1 子 6	ジ	あざ*	丶 丷 宀 宀 字 字
寺	2 寸 6	ジ	てら	一 十 土 圭 寺 寺

3
次
欠
6
ジ
シ*
つぐ
つぎ
1
耳
耳
6
ジ*
みみ
2
自
自
6
ジ
シ
みずから
5
似
人
7
ジ*
にる
4
児
儿
7
ジ
ニ*
鹿児島
(かごしま)
3
事
亅
8
ジ
ズ
こと
侍
人
8
ジ
さむらい
4
治
水
8
ジ
チ
おさめる
おさまる
なおる
なおす

持
3
手
9
ジ
もつ
時
2
日
10
ジ
とき
滋
4
水
12
ジ
滋賀（しが）
慈
心
13
ジ
いつくしむ
辞
4
辛
13
ジ
やめる*
磁
6
石
14
ジ
餌
食
14
ジ
えさ
え
璽
玉
19
ジ

漢字	級	部首	画数	音読み	訓読み	筆順
鹿	4	鹿	11		しか、か	亠 广 户 声 庙 唐 鹿
式	3	弋	6	シキ		一 二 亍 王 式 式
識	5	言	19	シキ		言 訁 詁 諳 識 識 識
軸		車	12	ジク		冂 冃 亘 車 軔 軸 軸
七	1	一	2	シチ	なな、ななつ、なの	一 七
叱		口	5	シツ	しかる	丨 ｎ 口 叱 叱
失	4	大	5	シツ	うしなう	ノ 𠂉 二 牛 失
室	2	宀	9	シツ	むろ*	丶 宀 宀 宏 宏 室 室

疾	執	湿	嫉
疒 10	土 11	水 12	女 13
シツ	シツ シュウ / とる	シツ / しめる しめす	シツ
疾 疾 疾	執 執 執	湿 湿 湿	嫉 嫉 嫉
亠 广 疒 疒 疒 疾 疾	土 圭 幸 幸 幸 執 執	氵 汩 泪 渭 湿 湿 湿	く 女 女 女 女 嫉 嫉

漆	質	実	芝
水 14	5 貝 15	3 宀 8	艹 6
シツ / うるし	シツ シチ チ*	ジツ / み みのる	しば
漆 漆 漆	質 質 質	実 実 実	芝 芝 芝
氵 汁 汐 泆 涍 漆 漆	丿 厂 斤 斤斤 斦 質 質	丶 丷 宀 宀 宣 実 実	一 十 艹 艹 芏 芝

写	社	車	舎
3 冖 5	2 示 7	1 車 7	5 口 8
シャ うつす うつる	シャ やしろ	シャ くるま	シャ
丶 冖 冖 写 写	丶 ラ ネ ネ ネ一 社 社	一 厂 冂 冃 冃 亘 車	ノ 人 亼 仝 全 舎 舎 舎

者	射	捨	赦
3 耂 8	6 寸 10	6 手 11	赤 11
シャ もの	シャ いる	シャ すてる	シャ
一 十 土 耂 者 者 者	ノ 亻 介 自 身 身 身一 射	一 扌 才 扑 拎 拴 捨	一 土 亣 赤 赤 赦 赦 赦

漢字	部首・画数	音	訓	筆順
斜	斗 11	シャ	ななめ	𠆢 今 余 余 斜 斜 斜
煮	火 12	シャ	にる にえる にやす	土 耂 者 者 者 煮 煮
遮	辶 14	シャ	さえぎる	广 庐 庐 庐 庶 遮 遮
謝	言 17	シャ	あやまる＊	言 訁 訂 謂 謝 謝 謝
邪	阝 8	ジャ		一 工 于 牙 牙 邪 邪
蛇	虫 11	ジャ ダ	へび	口 中 虫 虫 虫 蛇 蛇
尺	尸 4	シャク		ヿ コ 尸 尺
借	人 10	シャク	かりる	亻 仁 什 仕 借 借 借

5（謝） 6（尺） 4（借）

酌	釈	爵	若
酉 10	釆 11	爪 17	6 艹 8
シャク / くむ	シャク	シャク	ジャク* ニャク / わかい もしくは
冂 西 西 酉 酉 酌 酌	㇒ 㔾 平 采 釈 釈 釈	㇒ 爫 爫 爫 爵 爵 爵	一 艹 サ 芓 若 若 若

弱	寂	手	主
2 弓 10	宀 11	1 手 4	3 丶 5
ジャク / よわい よわる よわまる よわめる	ジャク セキ / さび さびしい さびれる	シュ / て た*	シュ ス / ぬし おも
㇕ ㇕ 弓 弓 弓 弱 弱	宀 宀 宀 宇 宇 宗 寂	一 二 三 手	丶 亠 亍 主 主

漢字	学年	部首	画数	音読み	訓読み
守	3	宀	6	シュ、ス	まもる、もり＊
朱		木	6	シュ	
取	3	又	8	シュ	とる
狩		犬	9	シュ	かる、かり
首	2	首	9	シュ	くび
殊		歹	10	シュ	こと
珠		玉	10	シュ	
酒	3	酉	10	シュ	さけ、さか

漢字	部首・画数	音読み	訓読み	筆順
腫	肉 13	シュ	はれる はらす	丿 月 肀 肟 脜 腫 腫
種	4 禾 14	シュ	たね	二 禾 秆 秳 稲 種 種
趣	走 15	シュ	おもむき	十 土 走 赴 趄 趣 趣
寿	寸 7	ジュ	ことぶき	一 二 三 丰 寿 寿 寿
受	3 又 8	ジュ	うける うかる	一 〃 爫 爫 爫 孚 受
呪	口 8	ジュ	のろう	口 口 口 叩 叩 呪 呪
授	5 手 11	ジュ	さずける＊ さずかる＊	十 扌 扌 扌 扌 授 授
需	雨 14	ジュ		一 帀 雨 雨 雫 雫 需

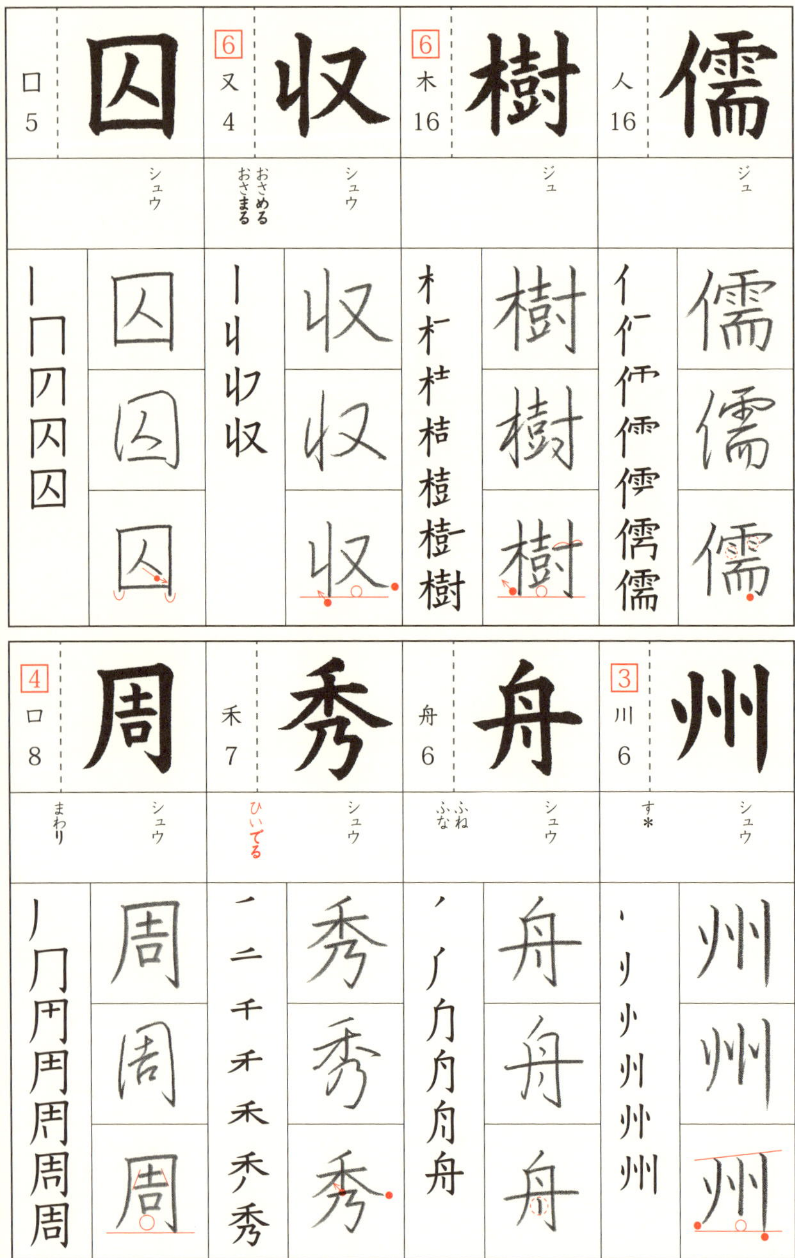
儒
人
16
ジュ
樹
6
木
16
ジュ
収
6
又
4
シュウ
おさめる
おさまる
囚
口
5
シュウ
州
3
川
6
シュウ
す*
舟
舟
6
シュウ
ふね
ふな
秀
禾
7
シュウ
ひいでる
周
4
口
8
シュウ
まわり

漢字	部首・画数	学年	音読み	訓読み	筆順
宗	宀 8	6	シュウ ソウ*		宗
拾	手 9	3	シュウ ジュウ*	ひろう	拾
秋	禾 9	2	シュウ	あき	秋
臭	自 9		シュウ	くさい におう	臭
修	人 10	5	シュウ シュ*	おさめる おさまる	修
袖	衣 10		シュウ	そで	袖
終	糸 11	3	シュウ	おわる おえる	終
羞	羊 11		シュウ		羞

漢字	学年	部首	画数	音読み	訓読み	筆順
習	3	羽	11	シュウ	ならう	⺂ ヨ ヨ⺂ 羽 羽⺁ 習 習
週	2	辶	11	シュウ		丿 冂 月 用 周 调 週
就	6	尢	12	シュウ ジュ	つく* つける*	亠 古 京 京一 京ナ 就 就
衆	6	血	12	シュウ シュ		ノ 宀 血 衆 衆 衆 衆
集	3	隹	12	シュウ	あつまる あつめる つどう*	イ イ' 什 什 隹 隼 集
愁		心	13	シュウ	うれえる うれい	二 禾 禾 利 秋 愁 愁
酬		酉	13	シュウ		冂 丙 西 酉 酉 酬 酬
醜		酉	17	シュウ	みにくい	厂 酉 酉' 酌 酣 醜 醜

蹴
足
19
シュウ
ける
襲
衣
22
シュウ
おそう
十
1
十
2
ジュウ
ジッ
とお
と
汁
水
5
ジュウ
しる
充
儿
6
ジュウ
あてる
住
3
人
7
ジュウ
すむ
すまう
柔
木
9
ジュウ
ニュウ
やわらか
やわらかい
重
3
里
9
ジュウ
チョウ
え*
おもい
かさねる
かさなる

漢字	学年	部首	画数	音読み	訓読み	筆順
従	6	彳	10	ジュウ、ショウ、ジュ	したがう、したがえる	彳 彳' 彳" 彳〻 彳乍 彳乍 従
渋		水	11	ジュウ	しぶ、しぶい、しぶる	氵 氵' 氵' 氵止 氵止 渋 渋
銃		金	14	ジュウ		𠆢 金 金' 金亠 金云 金夻 銃
獣		犬	16	ジュウ	けもの	丷 𠀉 𠀉 兽 兽 獣 獣
縦	6	糸	16	ジュウ	たて	糹 糹彳 糹彳' 糹彳" 糹彳乍 糹彳乍 縦
叔		又	8	シュク		丨 上 上 卡 未 叔 叔
祝	4	示	9	シュク、シュウ	いわう	丶 ラ ネ ネ 礻口 礻口 祝
宿	3	宀	11	シュク	やど、やどる、やどす	丷 宀 宀 宀 宿 宿 宿

漢字	部首・画数	音読み	訓読み	筆順
淑	水 11	シュク		氵 氵ト 氵上 汁 汴 洑 淑
粛	聿 11	シュク		⺕ ⺕ 肀 肃 肃 粛 粛
縮 (6)	糸 17	シュク	ちぢむ ちぢまる ちぢめる ちぢれる ちぢらす	幺 糸 糸' 紵 紵 縮 縮
塾	土 14	ジュク		亠 亨 享 享 孰 孰 塾
熟 (6)	火 15	ジュク	うれる*	亠 古 享 享 孰 孰 熟
出 (1)	凵 5	シュツ スイ*	でる だす	｜ 屮 屮 出 出
述 (5)	辶 8	ジュツ	のべる	一 十 木 术 术 述 述
術 (5)	行 11	ジュツ		彳 彳 行 徘 術 術 術

漢字	部首・画数	音読み	訓読み	筆順
俊	人 9	シュン		亻 亻 化 伦 俗 俊 俊
春	日 9 ②	シュン	はる	一 三 𡗗 夫 夫 春 春 春
瞬	目 18	シュン	またたく	目 目 瞬 瞬 瞬 瞬 瞬
旬	日 6	ジュン シュン		ノ 勹 勺 旬 旬 旬
巡	川 6	ジュン	めぐる	く 巛 巛 巛 巡 巡
盾	目 9	ジュン	たて	一 厂 厂 斤 斤 盾 盾
准	冫 10	ジュン		冫 冫 冫 准 准 准 准
殉	歹 10	ジュン		一 万 歹 歹 歹 殉 殉

純	循	順	準
6 糸 10	彳 12	4 頁 12	5 水 13
ジュン	ジュン	ジュン	ジュン
純 純 純	循 循 循	順 順 順	準 準 準
𠃋 幺 糸 糹 紅 純 純	彳 彳 彳 彳 循 循 循	ノ 川 川 川 順 順 順	氵 氵 氵 氵 淮 準 準

潤	遵	処	初
水 15	辶 15	6 几 5	4 刀 7
ジュン うるおう うるおす うるむ	ジュン	ショ	ショ はじめ はじめて はつ うい そめる*
潤 潤 潤	遵 遵 遵	処 処 処	初 初 初
氵 氵 汌 沪 泗 潤 潤	丷 㐅 酋 酋 尊 尊 遵	ノ ク 夂 夂 処	丶 ラ ネ ネ ネ 初 初

所 3 戸 8 ショ ところ
書 2 曰 10 ショ かく
庶 广 11 ショ
暑 3 日 12 ショ あつい
署 6 罒 13 ショ
緒 糸 14 ショ チョ お
諸 6 言 15 ショ
女 1 女 3 ジョ ニョ* ニョウ おんな め*

如
女 6
ジョ
ニョ
助
3
力 7
ジョ
たすける
たすかる
すけ＊
序
5
广 7
ジョ
叙
又 9
ジョ
徐
彳 10
ジョ
除
6
阝 10
ジョ
ジ＊
のぞく
小
1
小 3
ショウ
ちいさい
こ
お
升
十 4
ショウ
ます

少	召	匠	床
2 小 4	口 5	匚 6	广 7
ショウ すくない すこし	ショウ めす	ショウ	ショウ とこ ゆか
少 少 少	召 召 召	匠 匠 匠	床 床 床
丨 小 小 少	フ 刀 刀 召 召 召	一 匸 𠂆 𠂆 斤 匠	丶 亠 广 广 庄 床 床 床

抄	肖	尚	招
手 7	肉 7	小 8	5 手 8
ショウ	ショウ	ショウ	ショウ まねく
抄 抄 抄	肖 肖 肖	尚 尚 尚	招 招 招
一 十 扌 扌 抄 抄 抄	丨 丨丨 丨丨丶 ⺌ 肖 肖 肖	丨 丨丨 丨丨丶 ⺌ 尚 尚 尚	一 十 扌 扌 扣 扣 招 招

漢字	学年	部首	画数	音読み	訓読み
承	6	手	8	ショウ	うけたまわる＊
昇		日	8	ショウ	のぼる
松	4	木	8	ショウ	まつ
沼		水	8	ショウ	ぬま
昭	3	日	9	ショウ	
宵		宀	10	ショウ	よい
将	6	寸	10	ショウ	
消	3	水	10	ショウ	きえる けす

症	祥	称	笑
疒 10	示 10	禾 10	4 竹 10
ショウ	ショウ	ショウ	ショウ＊ わらう えむ＊
丶 亠 广 疒 疔 疖 疖 症	丶 ラ ネ ネ 礻 礻 祥 祥	丿 二 千 禾 禾 秆 称 称	丿 𠂉 𠂉 竹 竹 笁 笑

唱	商	渉	章
4 口 11	3 口 11	水 11	3 立 11
ショウ となえる	ショウ あきなう＊	ショウ	ショウ
丨 口 口 叩 叩 叩 唱 唱	丶 亠 亠 产 产 产 商 商	丶 氵 氵 氵 氵 涉 涉 渉	丶 亠 立 产 音 音 章 章

紹
糸 11
ショウ
幺 糸 糸フ 糸刀 紹 紹 紹

訟
言 11
ショウ
亠 言 言 言 訁 訟 訟

勝
3
力 12
ショウ
かつ
まさる*
月 月 月' 月" 胖 朕 勝

掌
手 12
ショウ
' ''' 尚 当 堂 掌

晶
日 12
ショウ
丨 冂 日 日 日 日 晶 晶

焼
4
火 12
ショウ*
やく
やける
丷 火 灶 灶 焼 焼 焼

焦
火 12
ショウ
こげる
こがす
こがれる
あせる
亻 亻 亻 仁 隹 隹 焦

硝
石 12
ショウ
丆 石 石' 石" 石" 硝 硝

糚	詔	証	象
米 12	言 12	5 言 12	5 豕 12
ショウ	ショウ / みことのり	ショウ	ショウ / ゾウ

傷	奨	照	詳
6 人 13	大 13	4 火 13	言 13
ショウ / きず / いたむ* / いためる*	ショウ	ショウ / てる / てらす / てれる	ショウ / くわしい

漢字	部首	画数	音読み	訓読み	学年
彰	彡	14	ショウ		
障	阝	14	ショウ	さわる	6
憧	心	15	ショウ	あこがれる	
衝	行	15	ショウ		
賞	貝	15	ショウ		5
償	人	17	ショウ	つぐなう	
礁	石	17	ショウ		
鐘	金	20	ショウ	かね	

彰 彰 彰

障 障 障

憧 憧 憧

衝 衝 衝

賞 賞 賞

償 償 償

礁 礁 礁

鐘 鐘 鐘

上 1 一 3 ジョウ ショウ うえ・うわ かみ あげる・あがる のぼる のぼせる＊ のぼす＊
丈 一 3 ジョウ たけ
冗 冖 4 ジョウ
条 5 木 7 ジョウ
状 5 犬 7 ジョウ
乗 3 ノ 9 ジョウ のる のせる
城 4 土 9 ジョウ しろ 茨城（いばらき） 宮城（みやぎ）
浄 水 9 ジョウ

漢字	学年	部首	画数	音読み	訓読み	筆順
剰		刀	11	ジョウ		剰
常	5	巾	11	ジョウ	つね、とこ	常
情	5	心	11	ジョウ、セイ	なさけ	情
場	2	土	12	ジョウ	ば	場
畳		田	12	ジョウ	たたむ、たたみ	畳
蒸	6	艹	13	ジョウ	むす＊、むれる＊、むらす＊	蒸
縄	4	糸	15	ジョウ	なわ	縄
壌		土	16	ジョウ		壌

漢字	部首	画数	音読み	訓読み
孃	女	16	ジョウ	
錠	金	16	ジョウ	
譲	言	20	ジョウ	ゆずる
醸	酉	20	ジョウ	かもす

漢字	学年	部首	画数	音読み	訓読み
色	2	色	6	ショク シキ	いろ
拭		手	9	ショク	ふく ぬぐう
食	2	食	9	ショク ジキ	くう くらう たべる
植	3	木	12	ショク	うえる うわる

字	部首・画数	音読み	訓読み	筆順
殖	歹 12	ショク	ふえる ふやす	殖
飾	食 13	ショク	かざる	飾
触	角 13	ショク	ふれる さわる	触
嘱	口 15	ショク		嘱
織	5 糸 18	ショク シキ	おる	織
職	5 耳 18	ショク		職
辱	辰 10	ジョク	はずかしめる	辱
尻	尸 5		しり	尻

心
2
心 4
シン
こころ
申
3
田 5
シン*
もうす
伸
人 7
シン
のびる
のばす
のべる
臣
4
臣 7
シン
ジン
芯
艹 7
シン
身
3
身 7
シン
み
辛
辛 7
シン
からい
侵
人 9
シン
おかす

漢字	部首・画数	読み	筆順
信	4 人 9	シン	亻 亻 亻 信 信 信 信 信 信
津	水 9	シン / つ	氵 氵 氵 氵 氵 津 津 津 津
神	3 示 9	シン ジン / かみ かん* こう / 神奈川（かながわ）	丶 ラ ネ ネ 礻 和 袖 神 神
唇	口 10	シン / くちびる	一 厂 戸 戸 辰 辰 辰 唇 唇 唇
娠	女 10	シン	く 女 女 女 女 妒 娠 娠 娠 娠
振	手 10	シン / ふる ふるう ふれる	扌 扌 扌 扩 扩 护 振 振 振 振
浸	水 10	シン / ひたす ひたる	氵 氵 氵 氵 氵 浔 浔 浸 浸 浸
真	3 目 10	シン / ま	一 十 广 冇 冇 直 直 真 真 真

針
6
金
10
シン
はり
深
3
水
11
シン
ふかい
ふかまる
ふかめる
紳
糸
11
シン
進
3
辶
11
シン
すすむ
すすめる
森
1
木
12
シン
もり
診
言
12
シン
みる
寝
宀
13
シン
ねる
ねかす
慎
心
13
シン
つつしむ

漢字	学年	部首	画数	音読み	訓読み	筆順
新	2	斤	13	シン	あたらしい・あらた・にい＊	亠 立 辛 亲 新 新 新
審		宀	15	シン		宀 宀 宷 宷 審 審 審
震		雨	15	シン	ふるう・ふるえる	一 雨 雨 雨 震 震 震
薪		艹	16	シン	たきぎ	艹 艹 薪 薪 薪 薪 薪
親	2	見	16	シン	おや・したしい・したしむ	亠 立 辛 亲 亲 親 親
人	1	人	2	ジン・ニン	ひと	ノ 人
刃		刀	3	ジン	は	フ 刀 刃
仁	6	人	4	ジン・ニ＊		ノ 亻 仁 仁

漢字	部首	画数	音読み	訓読み	筆順
尽	尸	6	ジン	つくす つきる つかす	㇇ コ 尸 尺 尽 尽
迅	辶	6	ジン		㇈ ⺄ 卂 卂 讯 迅
甚	甘	9	ジン	はなはだ はなはだしい	一 十 廾 甘 其 其 甚
陣	阝	10	ジン		㇇ 阝 阝 阡 陌 陌 陣
尋	寸	12	ジン	たずねる	㇇ ヨ 彐 尋 尋 尋
腎	肉	13	ジン		丨 厂 戸 臣 臤 腎 腎
須	頁	12	ス		彡 彡 彡 彡 須 須 須
図	口	7	ズ ト	はかる*	丨 冂 冂 冂 冈 図 図

Note: 図 is marked with a boxed 2.

漢字	学年	部首	画数	音読み	訓読み	筆順
水	1	水	4	スイ	みず	亅 刁 水 水
吹		口	7	スイ	ふく	丨 口 口 口' 吹 吹 吹
垂	6	土	8	スイ	たれる たらす	一 二 三 乒 垂 垂 垂 垂
炊		火	8	スイ	たく	丷 火 火 火' 炊 炊 炊
帥		巾	9	スイ		丿 户 户 自 自' 自' 帥
粋		米	10	スイ	いき	丷 半 米 米' 粋 粋 粋
衰		衣	10	スイ	おとろえる	亠 亣 亣 亣 衰 衰 衰
推	6	手	11	スイ	おす*	一 扌 扌 扌' 扌' 推 推

醉	遂	睡	穂
酉 11	辶 12	目 13	禾 15
スイ よう	スイ とげる	スイ	スイ ほ
醉 醉 醉	遂 遂 遂	睡 睡 睡	穂 穂 穂

随	髄	枢	崇
阝 12	骨 19	木 8	山 11
ズイ	ズイ	スウ	スウ
随 随 随	髄 髄 髄	枢 枢 枢	崇 崇 崇

数 [2] 攵 13
スウ・ス / かず・かぞえる
丷 䒑 米 米 娄 娄 数

据 手 11
すえる・すわる
扌 扌 扌 护 护 挕 据

杉 木 7
すぎ
一 十 才 木 杉 杉 杉

裾 衣 13
すそ
衤 衤 衤 衤 衤 裾 裾

寸 [6] 寸 3
スン
一 寸 寸

瀬 水 19
せ
氵 沔 沖 涑 漸 瀬 瀬

是 日 9
ぜ
口 日 旦 早 昰 昰 是

井 [4] 二 4
セイ・ショウ / い
一 二 ナ 井

漢字	学年	部首	画数	音読み	訓読み	筆順
世	3	一	5	セイ、セ	よ	一 十 廾 廿 世
正	1	止	5	セイ、ショウ	**ただしい**、**ただす**、まさ	一 丅 下 正 正
生	1	生	5	セイ、ショウ	**いきる**・**いかす**、**いける**、**うまれる**・**うむ**、**おう**＊、**はえる**・**はやす**、き＊・なま	ノ 𠂉 仁 牛 生
成	4	戈	6	セイ、ジョウ	**なる**、**なす**	ノ 厂 万 成 成 成
西	2	西	6	セイ、サイ	にし	一 丆 丙 丙 西 西
声	2	士	7	セイ、ショウ	こえ、こわ＊	一 十 士 声 声 声 声
制	5	刀	8	セイ		𠂉 仁 牛 告 制 制 制
姓		女	8	セイ、ショウ		く 女 女 女 女 姓 姓 姓

漢字	部首・画数	学年	音	訓	筆順
征	彳 8		セイ		ノ 彳 彳 行 彳 彳 征 征
性	心 8	5	セイ ショウ*		丶 忄 忄 忄 性 性 性 性
青	青 8	1	セイ ショウ	あお あおい	一 十 圭 青 青 青 青 青
斉	斉 8		セイ		亠 亠 文 斉 斉 斉 斉 斉
政	攵 9	5	セイ ショウ	まつりごと	一 丅 下 正 正 政 政 政
星	日 9	2	セイ ショウ*	ほし	口 日 旦 早 星 星 星 星
牲	牛 9		セイ		丿 牛 牛 牛 牛 牲 牲 牲
省	目 9	4	セイ ショウ	かえりみる* はぶく	丨 小 少 省 省 省 省 省

漢字	部首	画数	学年	音読み	訓読み
凄	冫	10		セイ	
逝	辶	10		セイ	ゆく・いく
清	水	11	4	セイ・ショウ	きよい・きよまる・きよめる
盛	皿	11	6	セイ*・ジョウ	もる・さかる*・さかん*
婿	女	12		セイ	むこ
晴	日	12	2	セイ	はれる・はらす
勢	力	13	5	セイ	いきおい
聖	耳	13	6	セイ	

漢字	学年	部首・画数	音訓	筆順
誠	6	言 13	セイ　まこと＊	言 訁 訂 訪 試 誠 誠
精	5	米 14	セイ　ショウ＊	丷 丬 米 米一 粁 精 精
製	5	衣 14	セイ	𠂉 㐄 制 制 製 製 製
誓		言 14	セイ　ちかう	扌 扌一 扩 扩 折 誓 誓
静	4	青 14	セイ　ジョウ＊　しず　しずか　しずまる　しずめる	十 圭 青 靜 静 静 静
請		言 15	セイ　シン　こう　うける	言 言 言一 言十 請 請 請
整	3	攵 16	セイ　ととのえる　ととのう	𠮠 束 束 敕 敕 整 整
醒		酉 16	セイ	兀 酉 酉 酉 醒 醒 醒

5 税 禾 12 ゼイ
1 夕 夕 3 セキ＊ ゆう
斤 斤 5 セキ
1 石 石 5 セキ シャク コク＊ いし
1 赤 赤 7 セキ シャク あか あかい あからむ あからめる
3 昔 日 8 セキ シャク＊ むかし
析 木 8 セキ
4 席 巾 10 セキ
一 十 土
一 卄 廾 昔
一 十 木 析
亠 广 席

脊	隻	惜	戚
肉 10	隹 10	心 11	戈 11
セキ	セキ	セキ おしい おしむ	セキ
ノ 人 ㇇ 𠆢 脊 脊	イ イ 仁 什 隹 隻 隻	丷 忄 忄 怈 惜 惜	ノ 厂 厂 戚 戚 戚

責	跡	積	績
5 貝 11	足 13	4 禾 16	5 糸 17
セキ せめる	セキ あと	セキ つむ つもる	セキ
一 十 圭 青 青 責 責	口 足 跡 跡 跡 跡	二 千 禾 秆 積 積 積	く 幺 糸 糸 績 績 績

漢字	部首・画数	学年	音読み	訓読み	筆順
籍	竹 20		セキ		𥫗 竺 笄 筣 箝 箝 籍
切	刀 4	2	セツ サイ*	きる きれる	一 七 切 切
折	手 7	4	セツ	おる おり おれる	一 十 扌 扌 扩 扩 折
拙	手 8		セツ	つたない	一 扌 扌 扌 扌 拙 拙
窃	穴 9		セツ		宀 宀 穴 穴 窂 窃 窃
接	手 11	5	セツ	つぐ	扌 扌 扩 拉 按 接 接
設	言 11	5	セツ	もうける	亠 言 言 言 訁 設 設
雪	雨 11	2	セツ	ゆき	一 二 币 乕 雨 雪 雪

漢字	摂	節	説	舌
学年		4	4	6
部首・画数	手 13	竹 13	言 14	舌 6
音読み	セツ	セツ セチ	セツ ゼイ	ゼツ*
訓読み		ふし	とく	した
筆順	扌 扌 扌 扌 扌 扌 摂	𠂉 ⺮ 竺 笛 節 節 節	二 言 言 言 言 言 説	一 二 千 千 舌 舌

漢字	絶	千	川	仙
学年	5	1	1	
部首・画数	糸 12	十 3	川 3	人 5
音読み	ゼツ	セン	セン*	セン
訓読み	たえる たやす たつ	ち	かわ	
筆順	幺 糸 糸 糸 糸 絽 絶	一 二 千	ノ 川 川	ノ イ 仆 仙 仙

漢字	学年	部首	画数	音読み	訓読み
占		ト	5	セン	しめる、うらなう
先	1	儿	6	セン	さき
宣	6	宀	9	セン	
専	6	寸	9	セン	もっぱら＊
泉	6	水	9	セン	いずみ
浅	4	水	9	セン＊	あさい
洗	6	水	9	セン	あらう
染	6	木	9	セン＊	そめる、そまる、しみる、しみ

2 扇	栓	旋	船
戸 10	木 10	方 11	舟 11
セン おうぎ	セン	セン	セン ふね ふな
一 ㇇ 戸 戶 扂 扇 扇	十 木 朩 朩 枀 栓 栓	方 方 㫃 㫃 㫃 旋 旋	ノ 丿 介 角 舟 舟 船

4 戦	煎	羨	腺
戈 13	火 13	羊 13	肉 13
セン いくさ* たたかう	セン いる	セン うらやむ うらやましい	セン
⺍ 𠂉 単 単 戦 戦 戦	⺍ ⺌ 亠 前 前 前 煎	⺌ 䒑 羊 羊 羊 羨 羨	月 肑 胉 胉 腺 腺 腺

6
金
14
銭
セン
ぜに＊
竹
12
箋
セン
足
13
践
セン
言
13
詮
セン
4
辶
15
選
セン
えらぶ
辶
15
遷
セン
2
糸
15
線
セン
水
15
潜
セン
ひそむ
もぐる

薦
艹 16
セン
すすめる
鰭
織
糸 17
セン
鮮
魚 17
セン
あざやか
全
3
入 6
ゼン
まったく
すべて
前
2
刀 9
ゼン
まえ
善
6
口 12
ゼン
よい
然
4
火 12
ゼン
ネン
禅
示 13
ゼン

漸
水 14
ゼン
膳
肉 16
ゼン
繕
糸 18
ゼン
つくろう
狙
犬 8
ソ
ねらう
阻
阝 8
ソ
はばむ
祖
5
示 9
ソ
租
禾 10
ソ
素
5
糸 10
ソ
ス*

漢字	部首	画数	音読み	訓読み	筆順
措	手	11	ソ		扌 扌 拄 拱 措 措 措
粗	米	11	ソ	あらい	丷 䒑 半 米 粈 粗 粗
組	糸	11	ソ	くむ くみ	𠃋 幺 糸 糸 糺 糾 組
疎	足	12	ソ	うとい うとむ	ア 下 正 𧾷 跙 踈 疎
訴	言	12	ソ	うったえる	言 言 訁 訂 訢 訴 訴
塑	土	13	ソ		䒑 䒑 屰 屰 朔 朔 塑
遡	辶	13	ソ	さかのぼる	䒑 屰 屰 朔 朔 遡 遡
礎	石	18	ソ	いしずえ	石 砵 砞 礎 礎 礎 礎

※「組」は2（学年）

双
又
4
ソウ
ふた
壮
士
6
ソウ
早
1
日
6
ソウ
サッ*
はやい
はやまる
はやめる
争
4
亅
6
ソウ
あらそう
走
2
走
7
ソウ
はしる
奏
6
大
9
ソウ
かなでる
相
3
目
9
ソウ
ショウ*
あい
荘
艹
9
ソウ

漢字	部首・画数	音	訓	筆順
草 1	艹 9	ソウ	くさ	一 艹 艹 芇 昔 荁 草
送 3	辶 9	ソウ	おく**る**	丷 䒑 丷 关 关 送 送
倉 4	人 10	ソウ	くら	𠆢 亼 今 仓 仺 倉 倉
捜	手 10	ソウ	さが**す**	扌 扌 扣 扫 抻 捜 捜
挿	手 10	ソウ	さ**す**	扌 扌 扩 挿 挿 挿 挿
桑	木 10	ソウ	くわ	フ ヌ 叒 叒 叒 桑 桑
巣 4	⺍ 11	ソウ	す	丶 ⺍ 㓁 巣 巣 単 巣
掃	手 11	ソウ	は**く**	扌 扫 扫 扫 掃 掃 掃

漢字	部首	画数	学年	音読み	訓読み
曹	日	11		ソウ	
曽	日	11		ソウ・ゾ	
爽	爻	11		ソウ	さわやか
窓	穴	11	6	ソウ	まど
創	刀	12	6	ソウ	つくる
喪	口	12		ソウ	も
痩	疒	12		ソウ	やせる
葬	艹	12		ソウ	ほうむる

曹 曹 曹

曽 曽 曽

爽 爽 爽

窓 窓 窓

創 創 創

喪 喪 喪

痩 痩 痩

葬 葬 葬

漢字	学年	部首	画数	音読み	訓読み	筆順
装	6	衣	12	ソウ・ショウ*	よそおう	丨 丬 壯 壯 裝 裝 装
僧		人	13	ソウ		亻 伫 伫 伫 伫 僧 僧
想	3	心	13	ソウ・ソ		十 木 朩 相 相 想 想
層	6	尸	14	ソウ		⺈ 尸 尸 屌 屌 層 層
総	5	糸	14	ソウ		𠃋 幺 糸 糹 総 総 総
遭		辶	14	ソウ	あう	冂 曲 曲 曲 曹 遭 遭
槽		木	15	ソウ		木 朩 朩 槽 槽 槽 槽
踪		足	15	ソウ		𠮟 𧾷 𧾷 踪 踪 踪 踪

漢字	部首・画数	音	訓	筆順
操	6 手 16	ソウ	みさお あやつる*	一 扌 扣 扣 掃 掃 操
燥	火 17	ソウ		丷 火 炉 炉 焻 焊 燥
霜	雨 17	ソウ	しも	二 干 雨 雨 雨 霜 霜
騒	馬 18	ソウ	さわぐ	丨 ㄇ 馬 馬 馭 騒 騒
藻	艹 19	ソウ	も	一 艹 艹 茳 菏 藻 藻
造	5 辶 10	ゾウ	つくる	ノ ⺈ 牛 生 告 浩 造
像	5 人 14	ゾウ		亻 亻 伯 伯 傍 傪 像
増	5 土 14	ゾウ	ます ふえる ふやす	土 圵 圻 圻 坳 増 増

憎
心
14
ゾウ
にくむ
にくい
にくらしい
にくしみ
蔵
6
艹
15
ゾウ
くら＊
贈
貝
18
ゾウ
ソウ
おくる
臓
6
肉
19
ゾウ
即
卩
7
ソク
束
4
木
7
ソク
たば
足
1
足
7
ソク
あし
たりる
たる
たす
促
人
9
ソク
うながす

則 5 刀 9 ソク
丨 冂 月 目 貝 貝 則

息 3 心 10 ソク いき
ノ 亻 冂 白 自 息 息

捉 手 10 ソク とらえる
扌 扌 扣 扣 扫 捉 捉

速 3 辶 10 ソク はやい はやめる はやまる すみやか＊
一 冖 ㇐ 申 束 涑 速

側 4 人 11 ソク がわ
亻 亻 仴 佀 俱 側 側

測 5 水 12 ソク はかる
氵 氵 汌 泪 浿 湏 測

俗 人 9 ゾク
亻 亻 仆 价 佁 俗 俗

族 3 方 11 ゾク
亠 方 方 方 㫃 旌 族

属
5
尸
12
ゾク
賊
貝
13
ゾク
続
4
糸
13
ゾク
つづく
つづける
卒
4
十
8
ソツ
率
5
玄
11
ソツ
リツ*
ひきいる
存
6
子
6
ソン
ゾン
村
1
木
7
ソン
むら
孫
4
子
10
ソン
まご

漢字	学年	部首	画数	音	訓
尊	6	寸	12	ソン	たっとい・とうとい・たっとぶ・とうとぶ
損	5	手	13	ソン	そこなう＊・そこねる＊
遜		辶	13	ソン	
他	3	人	5	タ	ほか
多	2	夕	6	タ	おおい
汰		水	7	タ	
打	3	手	5	ダ	うつ
妥		女	7	ダ	

駄	惰	堕	唾
馬 14	心 12	土 12	口 11
ダ	ダ	ダ	ダ / つば
丨 ℾ 馬 馬 馬一 馱 駄	丶 忄 忙 忙 惰 惰 惰	㇇ 阝 阤 阾 陏 隋 堕	ロ 口一 口二 口千 唖 唾 唾

耐	体	対	太
而 9	2 人 7	3 寸 7	2 大 4
タイ / たえる	タイ / テイ＊ / からだ	タイ / ツイ＊	タイ / タ / ふとい / ふとる
㇗ 丆 丙 而 而一 耐 耐	ノ イ 仁 什 什 休 体	丶 亠 ナ 文 文一 対 対	一 ナ 大 太

漢字	級	部首	画数	音読み	訓読み
待	3	彳	9	タイ	まつ
怠		心	9	タイ	おこたる・なまける
胎		肉	9	タイ	
退	6	辶	9	タイ	しりぞく・しりぞける
帯	4	巾	10	タイ	おびる・おび
泰		水	10	タイ	
堆		土	11	タイ	
袋		衣	11	タイ	ふくろ

漢字	部首	画数	級	音	訓	筆順
逮	辶	11		タイ		ヨ ヨ 尹 君 隶 逮 逮
替	日	12		タイ	かえる かわる	二 ナ 夫 夫夫 夫夫 替 替
貸	貝	12	5	タイ*	かす	イ 仁 代 代 代 貸 貸
隊	阝	12	4	タイ		フ 了 阝 阝 阡 隊 隊
滞	水	13		タイ	とどこおる	氵 汁 洲 洲 滞 滞 滞
態	心	14	5	タイ		ム 台 自 育 能 能 態
戴	戈	17		タイ		土 十 亩 宣 冀 戴 戴
大	大	3	1	ダイ タイ	おお おおきい おおいに	一 ナ 大

漢字	学年	部首	画数	読み
代	3	人	5	ダイ、タイ、か**わる**、か**える**、よ、しろ＊
台	2	口	5	ダイ、タイ
第	3	竹	11	ダイ
題	3	頁	18	ダイ
滝		水	13	たき
宅	6	宀	6	タク
択		手	7	タク
沢		水	7	タク、さわ

漢字	部首	画数	読み
卓	十	8	タク
拓	手	8	タク
託	言	10	タク
濯	水	17	タク
諾	言	15	ダク
濁	水	16	ダク にごる にごす
但	人	7	ただし
達 4	辶	12	タツ

漢字	部首・画数	音読み	訓読み	筆順
脱	肉 11	ダツ	ぬぐ ぬげる	丿 月 月' 月" 肸 肸 胪 脱
奪	大 14	ダツ	うばう	大 夵 夵 奔 奞 奪 奪
棚	木 12		たな	木 札 机 相 相 棚 棚 棚
誰	言 15		だれ	言 訃 訃 訃 訃 訃 誰
丹	丶 4	タン		丿 刀 丹 丹
旦	日 5	タン ダン		丨 冂 日 日 旦
担	6 手 8	タン	かつぐ になう	一 十 扌 扌 扣 担 担
単	4 ⺍ 9	タン		丶 ⺍ ⺍ 𭕄 呂 当 単

炭

3 火 9

タン すみ

丨 山 山 屮 屵 岸 炭

胆

肉 9

タン

冂 月 月 肌 肌 胆 胆

探

6 手 11

タン さぐる＊ さがす

扌 扩 扩 探 探 探 探

淡

水 11

タン あわい

氵 氵 氵 沙 泮 淡 淡

短

3 矢 12

タン みじかい

ノ 𠂉 矢 知 知 短 短

嘆

口 13

タン なげく なげかわしい

口 口 吽 嘆 嘆 嘆 嘆

端

立 14

タン はし は はた

立 立 竌 竌 竔 端 端

綻

糸 14

タン ほころびる

糸 紵 紵 綻 綻 綻 綻

誕
6
言
15
タン
鍛
金
17
タン
きたえる
団
5
口
6
ダン
トン
男
1
田
7
ダン
ナン
おとこ
段
6
殳
9
ダン
断
5
斤
11
ダン
たつ*
ことわる
弾
弓
12
ダン
ひく
はずむ
たま
暖
6
日
13
ダン
あたたか
あたたかい
あたたまる
あたためる

談
3
言
15
ダン
壇
土
16
ダン
タン
地
2
土
6
チ
ジ
池
2
水
6
チ
いけ
知
2
矢
8
チ
しる
値
6
人
10
チ
ね
あたい＊
恥
心
10
チ
はじる
はじ
はじらう
はずかしい
致
至
10
チ
いたす

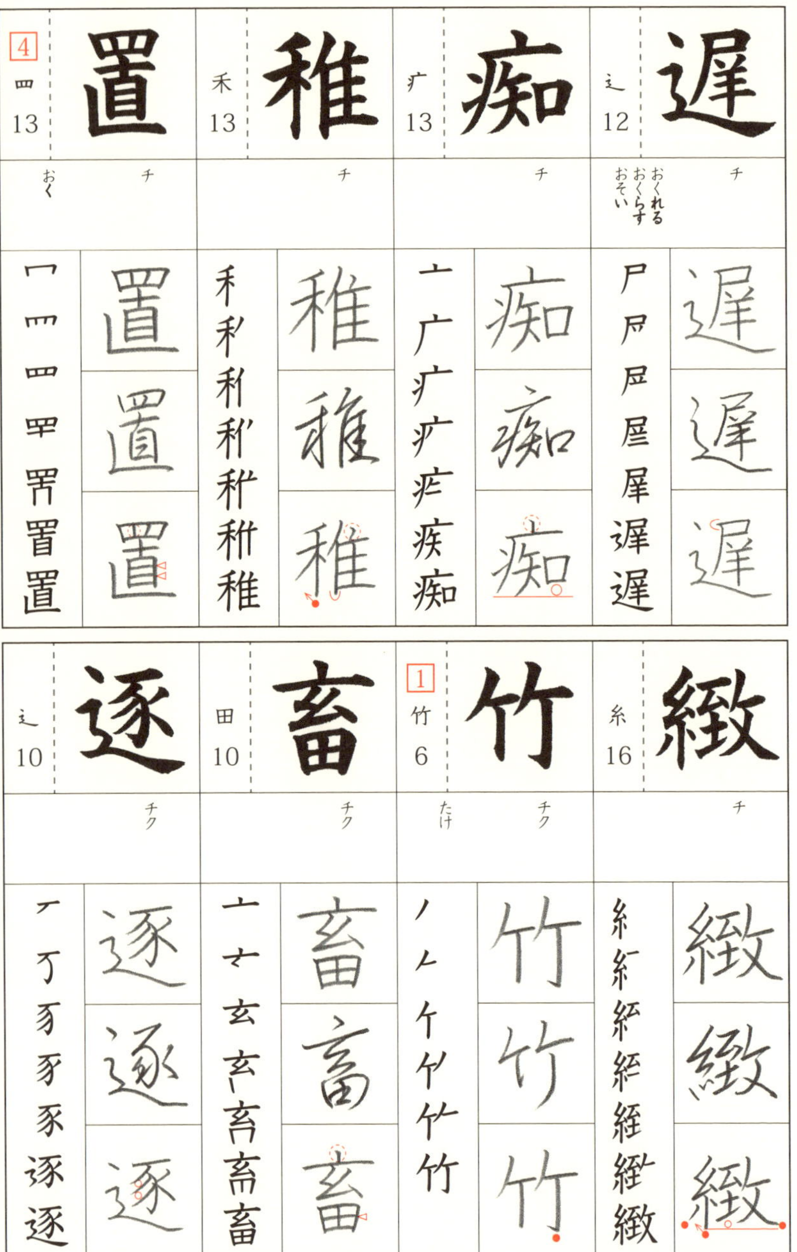
遅
辶
12
チ
おくれる
おくらす
おそい
痴
疒
13
チ
稚
禾
13
チ
置
4
罒
13
チ
おく
緻
糸
16
チ
竹
1
竹
6
チク
たけ
畜
田
10
チク
逐
辶
10
チク

字	部首・画数	読み	筆順
蓄	艹 13	チク / たくわえる	艹 艹 艹 芸 蓄 蓄 蓄
築 [5]	竹 16	チク / きずく	竹 竹 竹 筑 筑 筑 築
秩	禾 10	チツ	千 禾 禾 秆 秆 秩 秩
窒	穴 11	チツ	宀 穴 空 空 窒 窒 窒
茶 [2]	艹 9	チャ / サ*	一 十 廾 艾 苓 茶 茶
着 [3]	羊 12	チャク / ジャク / きる / きせる / つく / つける	丶 䒑 兰 兰 羊 着 着
嫡	女 14	チャク	女 女 女 女 女 嫡 嫡
中 [1]	丨 4	チュウ / ジュウ / なか	丨 冂 口 中

仲 4 人 6 チュウ* なか
虫 1 虫 6 チュウ むし
沖 4 水 7 チュウ おき
宙 6 宀 8 チュウ
忠 6 心 8 チュウ
抽 手 8 チュウ
注 3 水 8 チュウ そそぐ
昼 2 日 9 チュウ ひる

柱
3 木 9
チュウ　はしら
一 十 木 木 杧 杧 柱

衷
衣 9
チュウ
一 亠 亩 声 衷 衷 衷

酎
酉 10
チュウ
一 冂 襾 西 酉 酉 酎 酎 酎

鋳
金 15
チュウ　いる
金 鋳

駐
馬 15
チュウ
丨 冂 馬 馬 駐

著
6 艹 11
チョ　あらわす＊　いちじるしい＊
艹 艹 芏 芏 著 著 著

貯
5 貝 12
チョ
冂 目 貝 貝 貯

丁
3 一 2
チョウ　テイ＊
一 丁

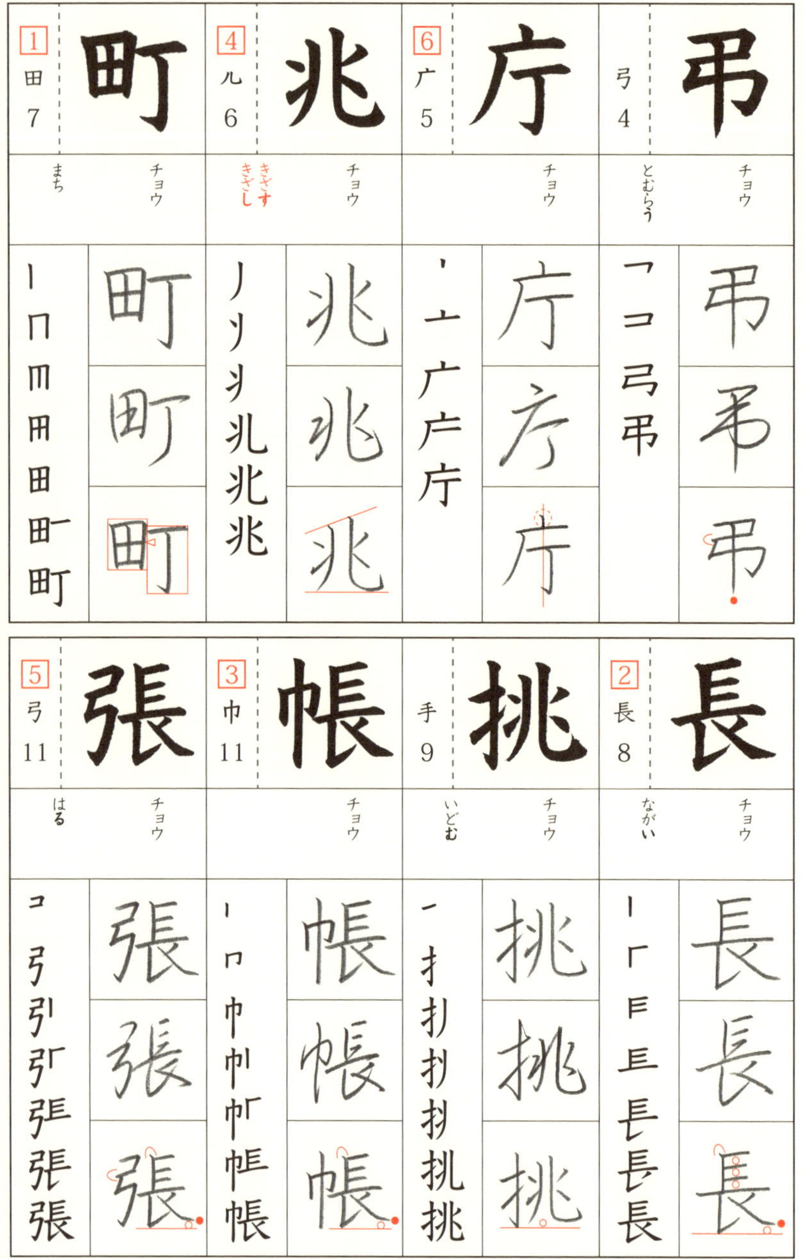
1
田
7
町
チョウ
まち
4
儿
6
兆
チョウ
きざす
きざし
6
广
5
庁
チョウ
弓
4
弔
チョウ
とむらう
5
弓
11
張
チョウ
はる
3
巾
11
帳
チョウ
手
9
挑
チョウ
いどむ
2
長
8
長
チョウ
ながい

彫 彡 11 チョウ ほる
眺 目 11 チョウ ながめる
釣 金 11 チョウ つる
頂 6 頁 11 チョウ いただく いただき
鳥 2 鳥 11 チョウ とり 鳥取（とっとり）
朝 2 月 12 チョウ あさ
貼 貝 12 チョウ はる
超 走 12 チョウ こえる こす

漢字	学年	部首	画数	読み
腸	6	肉	13	チョウ
跳		足	13	チョウ　はねる　とぶ
徴		彳	14	チョウ
嘲		口	15	チョウ　あざける

漢字	学年	部首	画数	読み
潮	6	水	15	チョウ　しお
澄		水	15	チョウ　すむ　すます
調	3	言	15	チョウ　しらべる　ととのう＊　ととのえる＊
聴		耳	17	チョウ　きく

漢字	部首・画数	音読み	訓読み	筆順
懲	心 18	チョウ	こりる こらす こらしめる	彳 彸 徃 徴 徴 懲 懲
直 ②	目 8	チョク ジキ	ただちに なおす なおる	一 十 广 冇 有 直 直
勅	力 9	チョク		一 ㇇ 申 束 束 勅 勅
捗	手 11	チョク		扌 扌 扌 扌 扌 捗 捗

漢字	部首・画数	音読み	訓読み	筆順
沈	水 7	チン	しずむ しずめる	丶 氵 氵 氵 沈 沈 沈
珍	玉 9	チン	めずらしい	丅 王 王 玠 珍 珍 珍
朕	月 10	チン		刀 月 月 月 朕 朕 朕
陳	阝 11	チン		㇇ 阝 阝 陌 陌 陣 陳

賃
6
貝
13
チン
鎮
金
18
チン
しずめる
しずまる
追
3
辶
9
ツイ
おう
椎
木
12
ツイ
墜
土
15
ツイ
通
2
辶
10
ツウ
ツ
とおる
とおす
かよう
痛
6
疒
12
ツウ
いたい
いたむ
いためる
塚
土
12
つか

漬
水
14
つける
つかる
坪
土
8
つぼ
爪
爪
4
つめ
つま
鶴
鳥
21
つる
低
4
人
7
テイ
ひくい
ひくめる
ひくまる
呈
口
7
テイ
廷
廴
7
テイ
弟
2
弓
7
テイ＊
ダイ
デ＊
おとうと

定
3
宀
8
テイ
ジョウ
さだめる
さだまる
さだか
底
4
广
8
テイ
そこ
抵
手
8
テイ
邸
阝
8
テイ
亭
亠
9
テイ
貞
貝
9
テイ
帝
巾
9
テイ
訂
言
9
テイ

庭

3　广　10

テイ　にわ

亠 广 庀 庄 庄 庭 庭

逓

⻌　10

テイ

一 厂 戶 后 乕 遞 逓

停

5　人　11

テイ

亻 亻 仿 停 停 停 停

偵

人　11

テイ

亻 亻 仆 伔 偵 偵 偵

堤

土　12

テイ　つつみ

土 圠 坦 垾 堤 堤 堤

提

5　手　12

テイ　さげる＊

扌 扌 扣 担 捍 捍 提

程

5　禾　12

テイ　ほど＊

二 千 禾 和 和 秤 程

艇

舟　13

テイ

ノ 舟 舟 舟 舡 舡 艇

締　糸 15　テイ　しまる　しめる
締 締 締
糸 糸 糸 紸 紸 締 締 締

諦　言 16　テイ　あきらめる
諦 諦 諦
言 訁 訁 訁 諦 諦 諦 諦 諦

泥　水 8　デイ　どろ
泥 泥 泥
丶 氵 氵 氵 沪 沪 泥

的　4　白 8　テキ　まと
的 的 的
丿 亻 白 白 白 的 的 的

笛　3　竹 11　テキ　ふえ
笛 笛 笛
丿 ⺈ ⺮ 竺 笁 笛 笛

摘　手 14　テキ　つむ
摘 摘 摘
扌 扌 扌 扌 摘 摘 摘 摘

滴　水 14　テキ　しずく　したたる
滴 滴 滴
氵 氵 氵 滴 滴 滴 滴

適　5　辶 14　テキ
適 適 適
亠 ⺈ 产 啇 啇 適 適

漢字	学年	部首	画数	音	訓	筆順
敵	6	攵	15	テキ	かたき*	亠 亣 产 商 商 商 敵
溺		水	13	デキ	おぼれる	氵 氵 沔 沔 沔 溺 溺
迭		辶	8	テツ		𠂉 𠂉 牛 失 失 迭 迭
哲		口	10	テツ		扌 扌 扩 折 折 折 哲
鉄	3	金	13	テツ		人 亼 今 余 金 釒 鉄
徹		彳	15	テツ		彳 彳 彳 彳 徹 徹 徹
撤		手	15	テツ		扌 扌 撤 撤 撤 撤 撤
天	1	大	4	テン	あめ あま	一 二 于 天

4 典 八 8 テン
2 店 广 8 テン みせ
2 点 火 9 テン
6 展 尸 10 テン
添 水 11 テン そえる そう
3 転 車 11 テン ころがる ころげる ころがす ころぶ
填 土 13 テン
1 田 田 5 デン た

伝
4　人　6
デン　つたわる　つたえる　つたう
ノ　亻　亻一　仁　伝　伝

殿
殳　13
デン　テン　との　どの
尸　尸　屏　屈　展　展　殿

電
2　雨　13
デン
一　二　干　雨　雷　雷　電

斗
斗　4
ト
丶　冫　二　斗

吐
口　6
ト　はく
丨　口　口　口一　叶　吐

妬
女　8
ト　ねたむ
く　女　女一　女丆　妬　妬　妬

徒
4　彳　10
ト
彳　彳十　往　往　往　徒　徒

途
辶　10
ト
人　亼　今　今　余　途　途

都
3 阝 11

ツ ト / みやこ

一 土 耂 者 者 都 都

渡
水 12

ト / わたる / わたす

氵 氵 氵 氵 汇 沪 浐 渡

塗
土 13

ト / ぬる

氵 氵 汵 汵 涂 涂 涂 塗

賭
貝 15

ト / かける

貝 貝 貝 貝 貝 賭 賭

土
1 土 3

ド ト / つち

一 十 土

奴
女 5

ド

く 女 女 奴 奴

努
4 力 7

ド / つとめる

く 女 女 奴 奴 努 努

度
3 广 9

ド ト タク* / たび*

丶 亠 广 庐 庐 庐 度

漢字	学年	部首・画数	音読み	訓読み	筆順
怒		心 9	ド	いかる おこる	女 女 奴 奴 奴 怒 怒
刀	2	刀 2	トウ	かたな	フ 刀
冬	2	夂 5	トウ	ふゆ	ノ ク 夂 冬 冬
灯	4	火 6	トウ	ひ	丶 丷 火 火 灯 灯
当	2	小 6	トウ	あたる あてる	丨 丨丨 ⺌ 当 当 当
投	3	手 7	トウ	なげる	一 十 扌 扌 扎 投 投
豆	3	豆 7	トウ ズ	まめ	一 ｢ 戸 戸 戸 戸 豆
東	2	木 8	トウ	ひがし	一 戸 戸 百 亘 申 東 東

到
刀
8
トウ
逃
辶
9
トウ
にげる
にがす
のがす
のがれる
倒
人
10
トウ
たおれる
たおす
凍
冫
10
トウ
こおる
こごえる
唐
口
10
トウ
から
島
3
山
10
トウ
しま
桃
木
10
トウ
もも
討
6
言
10
トウ
うつ*

漢字	部首	画数	学年	音	訓	筆順
透	辶	10		トウ	すく すかす すける	二 千 禾 禾 秀 诱 透
党	儿	10	6	トウ		ｌ ｌｌ ｌｌｌ ｌｌｌ 屵 尚 党
悼	心	11		トウ	いたむ	丶 忄 忄 忄 忭 恒 悼
盗	皿	11		トウ	ぬすむ	冫 冫 次 次 咨 盗 盗
陶	阝	11		トウ		乛 阝 阝 陶 陶 陶 陶
塔	土	12		トウ		一 土 坮 坩 垯 塔 塔
搭	手	12		トウ		扌 扌 扌 扌 拱 搭 搭
棟	木	12		トウ	むね むな	木 木 朾 析 桓 棟 棟

漢字	部首・画数	学年	音読み	訓読み
湯	水 12	3	トウ	ゆ
痘	疒 12		トウ	
登	癶 12	3	トウ ト	のぼる
答	竹 12	2	トウ	こたえる こたえ
等	竹 12	3	トウ	ひとしい
筒	竹 12		トウ	つつ
統	糸 12	5	トウ	すべる
稲	禾 14		トウ	いね いな

漢字	学年	部首	画数	音読み	訓読み	筆順
踏		足	15	トウ	ふむ ふまえる	口 口 足 趴 跗 跶 踏
糖	6	米	16	トウ		ソ 米 粁 粐 粓 糖 糖
頭	2	頁	16	トウ ズ ト	あたま かしら*	一 ロ 豆 豆 豇 頭 頭
謄		言	17	トウ		月 肜 胖 胖 朕 謄 謄
藤		艹	18	トウ	ふじ	艹 芦 芦 蒔 蔟 蕂 藤
闘		門	18	トウ	たたかう	厂 戸 戸 門 閆 闘 闘
騰		馬	20	トウ		月 胖 朕 朕 勝 騰 騰
同	2	ロ	6	ドウ	おなじ	丨 冂 冂 同 同 同

洞
水 9
ドウ
ほら
胴
肉 10
ドウ
動
3
力 11
ドウ
うごく
うごかす
堂
5
土 11
ドウ
童
3
立 12
ドウ
わらべ*
道
2
辶 12
ドウ
トウ
みち
働
4
人 13
ドウ
はたらく
銅
5
金 14
ドウ

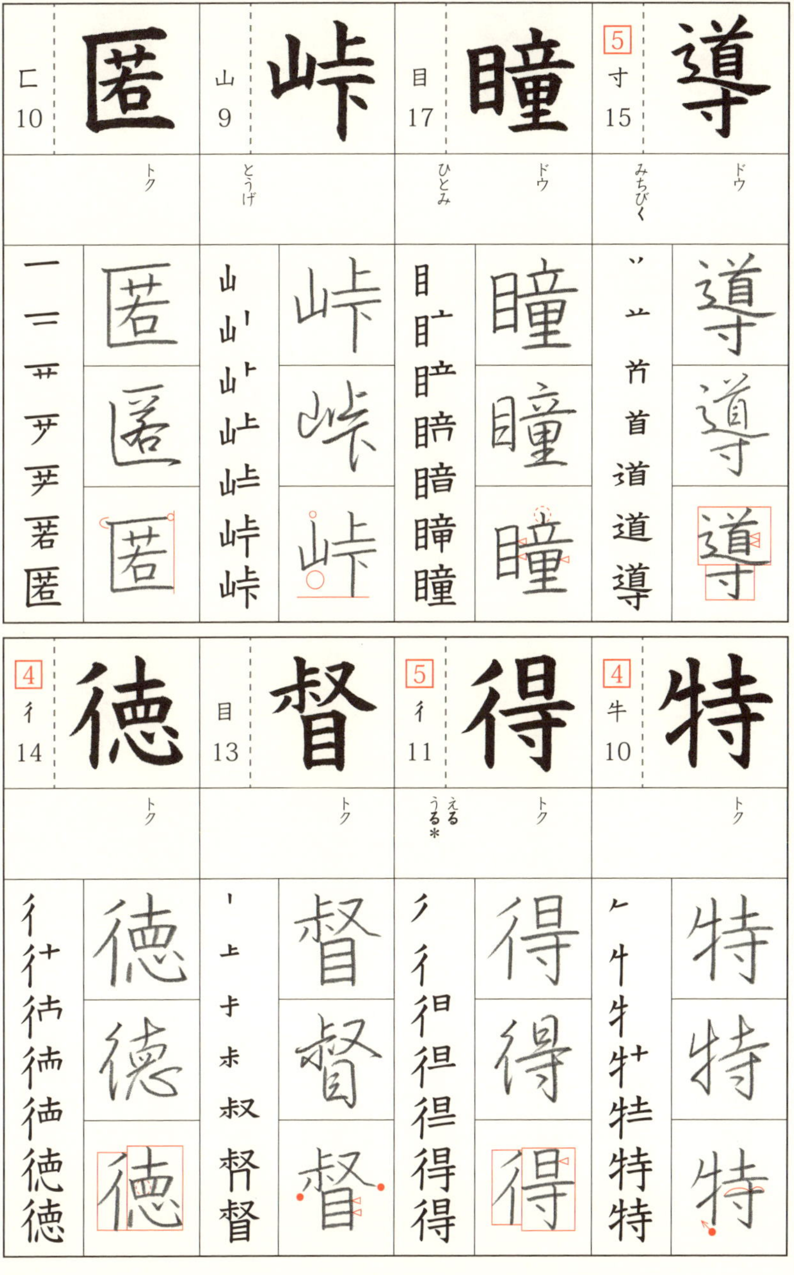

導
5
寸
15
ドウ
みちびく
導
導
導
丷 䒑 䒭 首 道 道 導
瞳
目
17
ドウ
ひとみ
瞳
瞳
瞳
目 盿 睟 瞕 瞕 瞕 瞳
峠
山
9
とうげ
峠
峠
峠
山 山' 山ト 山上 峠 峠 峠
匿
匸
10
トク
匿
匿
匿
一 二 卄 芏 芏 若 匿
特
4
牛
10
トク
特
特
特
ノ 牛 牛 牛 特 特 特
得
5
彳
11
トク
える
うる*
得
得
得
ノ 彳 彳 得 得 得 得
督
目
13
トク
督
督
督
丨 上 卡 未 叔 督 督
徳
4
彳
14
トク
徳
徳
徳
彳 彳 徳 徳 徳 徳 徳

篤
竹 16
トク

篤 篤 篤

筆順：⺮ 竹 笁 笃 笃 篤 篤

毒
5
母 8
ドク

毒 毒 毒

筆順：一 十 丰 丰 毒 毒 毒

独
5
犬 9
ドク
ひとり

独 独 独

筆順：ノ 犭 犭 犭 犭 独 独

読
2
言 14
ドク トク トウ
よむ

読 読 読

筆順：言 言 言 言 読 読 読

栃
4
木 9
とち

栃 栃 栃

筆順：十 木 朩 朩 栃 栃 栃

凸
山 5
トツ

凸 凸 凸

筆順：凸 凸 凸 凸 凸

突
穴 8
トツ
つく

突 突 突

筆順：丶 宀 穴 穴 空 突 突

届
6
尸 8
とどける
とどく

届 届 届

筆順：コ コ 尸 尸 届 届 届

漢字	部首	画数	音読み	訓読み	筆順
屯	屮	4	トン		一 匚 屯
豚	豕	11	トン	ぶた	月 豚
頓	頁	13	トン		一 屯 頓
貪	貝	11	ドン	むさぼる	人 今 貪

漢字	部首	画数	音読み	訓読み	筆順
鈍	金	12	ドン	にぶい にぶる	金 鈍
曇	日	16	ドン	くもる	日 旦 曇
丼	丶	5		どんぶり どん	二 井 丼
那	阝	7	ナ		刀 ヨ 那

漢字	学年	部首	画数	音読み	訓読み
奈	4	大	8	ナ	
内	2	冂	4	ナイ ダイ*	うち
梨	4	木	11		なし
謎		言	16		なぞ
鍋		金	17		なべ
南	2	十	9	ナン ナ	みなみ
軟		車	11	ナン	やわらか やわらかい
難	6	隹	18	ナン	かたい むずかしい

奈 奈 奈 — 一 大 太 夳 夵 奈

内 内 内 — 丨 冂 内 内

梨 梨 梨 — 一 二 千 禾 利 利 梨

謎 謎 謎 — 言 言 言 言 言 言 謎

鍋 鍋 鍋 — 𠆢 金 金 金 金 鍋 鍋

南 南 南 — 一 十 十 冇 冇 南 南

軟 軟 軟 — 亘 亘 車 車 軟 軟 軟

難 難 難 — 𦰩 𦰩 𦰩 𦰩 𦰩 𦰩 難

漢字	部首	画数	音読み	訓読み	筆順
二 [1]	二	2	ニ	ふた ふたつ	一 二
尼	尸	5	ニ	あま	𠃌 コ 尸 尸 尼
弐	弋	6	ニ		一 二 弌 弍 弐 弐
匂	勹	4		におう	ノ 勹 匀 匂
肉 [2]	肉	6	ニク		丨 冂 内 内 肉 肉
虹	虫	9		にじ	口 中 虫 虫 虫一 虹 虹
日 [1]	日	4	ニチ ジツ	ひ か	丨 冂 月 日
入 [1]	入	2	ニュウ	いる いれる はいる	ノ 入

乳
6
乙
8
ニュウ
ちち
ち*
尿
尸
7
ニョウ
任
5
人
6
ニン
まかせる
まかす
妊
女
7
ニン
忍
心
7
ニン
しのぶ
しのばせる
認
6
言
14
ニン*
みとめる
寧
宀
14
ネイ
熱
4
火
15
ネツ
あつい

漢字	級	部首	画数	読み
年	1	干	6	ネン / とし
念	4	心	8	ネン
捻		手	11	ネン
粘		米	11	ネン / ねばる
燃	5	火	16	ネン / もえる・もやす・もす
悩		心	10	ノウ / なやむ・なやます
納	6	糸	10	ノウ・ナッ＊・ナ・ナン・トウ＊ / おさめる・おさまる
能	5	肉	10	ノウ

脳	農	濃	把
6 肉 11	3 辰 13	水 16	手 7
ノウ	ノウ	ノウ こい	ハ
月 月 月 月 脳 脳 脳	冂 曲 曲 曲 曲 農 農	氵 氵 氵 淠 濃 濃 濃	一 扌 扌 扌 扌 把 把

波	派	破	覇
3 水 8	6 水 9	5 石 10	西 19
ハ なみ	ハ	ハ やぶる やぶれる	ハ
氵 氵 氵 汇 沪 波 波	氵 氵 氵 沂 沂 沠 派	厂 石 石 矿 矿 破 破	冖 覀 覀 覀 覀 覀 覇

馬 2 馬 10 バ うま ま
婆 女 11 バ
罵 罒 15 バ ののしる
拝 6 手 8 ハイ おがむ

杯 木 8 ハイ さかずき
背 6 肉 9 ハイ せ せい そむく＊ そむける＊
肺 6 肉 9 ハイ
俳 6 人 10 ハイ

配 3 酉 10 ハイ くばる
排 手 11 ハイ
敗 4 攵 11 ハイ やぶれる
廃 广 12 ハイ すたれる すたる
輩 車 15 ハイ
売 2 士 7 バイ うる うれる
倍 3 人 10 バイ
梅 4 木 10 バイ うめ

培 土 11 バイ つちかう
一 十 土 圵 圿 垃 培 培

陪 阝 11 バイ
フ 阝 阝' 阝亠 阝立 陪

媒 女 12 バイ
く 女 女一 女廿 媒 媒

買 [2] 貝 12 バイ かう
丶 冂 罒 罒 罒 買 買

賠 貝 15 バイ
冂 目 貝 貝亠 貝立 賠

白 [1] 白 5 ハク ビャク しろ しら しろい
ノ 亻 白 白 白

伯 人 7 ハク
ノ 亻 亻' 伯 伯 伯

拍 手 8 ハク ヒョウ
扌 扌 扌' 拍 拍 拍

漢字	部首・画数	音	訓	筆順
泊	水 8	ハク	とまる とめる	丶 氵 氵 汁 泊 泊 泊
迫	辶 8	ハク	せまる	ノ 亻 白 白 白 泊 迫
剥	刀 10	ハク	はがす はぐ はがれる はげる	フ ヨ ヨ 寻 寻 录 剥
舶	舟 11	ハク		丿 力 月 舟 舟 舶 舶 舶
博	4 十 12	ハク バク		十 忙 恒 博 博 博 博
薄	艹 16	ハク	うすい うすめる うすまる うすらぐ うすれる	艹 艹 菹 蒲 蒲 薄 薄
麦	2 麦 7	バク*	むぎ	一 十 キ 主 丰 寿 麦
漠	水 13	バク		氵 氵 汁 泄 漣 漠 漠

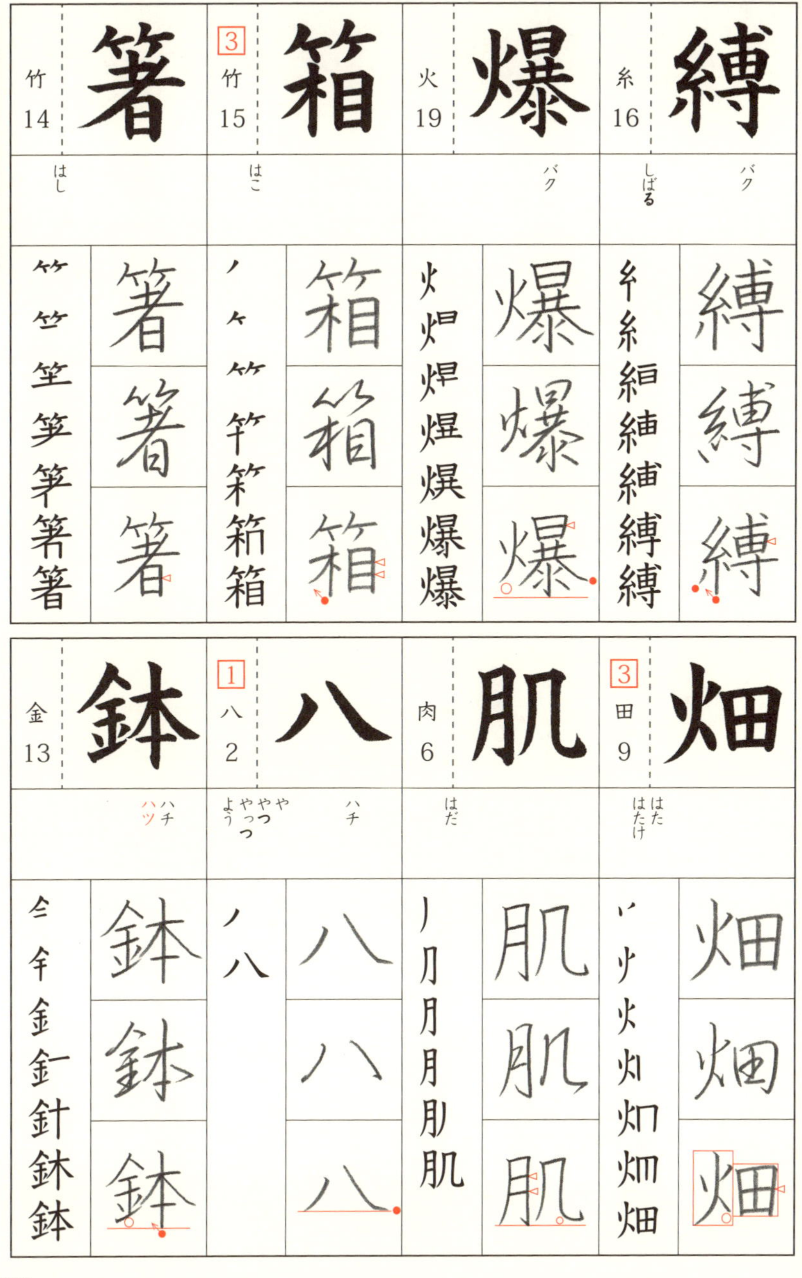

縛	爆	箱	箸
糸 16	火 19	3 竹 15	竹 14
バク しばる	バク	はこ	はし

畑	肌	八	鉢
3 田 9	肉 6	1 八 2	金 13
はた はたけ	はだ	ハチ や やつ やっつ よう	ハチ ハツ

発 3 癶 9 ハツ ホツ*
髪 髟 14 ハツ かみ
伐 人 6 バツ
抜 手 7 バツ ぬく ぬける ぬかす ぬかる

罰 罒 14 バツ バチ
閥 門 14 バツ
反 3 又 4 ハン ホン タン* そる そらす
半 2 十 5 ハン なかば

漢字	学年	部首・画数	音読み	訓読み
氾		水 5	ハン	
犯	5	犬 5	ハン	おか**す***
帆		巾 6	ハン	ほ
汎		水 6	ハン	
伴		人 7	ハン バン	ともなう
判	5	刀 7	ハン バン	
坂	3	土 7	ハン	さか
阪	4	阝 7	ハン	大阪（おおさか）

氾氾氾

犯犯犯

帆帆帆

汎汎汎

伴伴伴

判判判

坂坂坂

阪阪阪

板
3
木
8
ハン
バン
いた
一 十 木 木 杤 板 板
版
5
片
8
ハン
丿 丿 片 片 片 版 版
班
6
玉
10
ハン
一 丁 王 到 到 玔 班
畔
田
10
ハン
冂 田 田 田 田 畔 畔
般
舟
10
ハン
丿 月 月 舟 舟 般 般
販
貝
11
ハン
冂 目 貝 貝 貝 販 販
斑
文
12
ハン
一 丁 王 王 玟 玟 斑
飯
4
食
12
ハン
めし
人 今 今 食 食 飣 飯

搬	煩	頒	範
手 13	火 13	頁 13	竹 15
ハン	ハン ボン わずらう わずらわす	ハン	ハン
扌 扔 扐 拍 搟 搬 搬	丷 火 灭 灯 炘 煩 煩	兮 分 分 分 分 頒 頒	竹 竺 笞 笪 範 範 範

繁	藩	晩	番
糸 16	艹 18	6 日 12	2 田 12
ハン	ハン	バン	バン
𠂉 𠂉 𠂉 每 每 敏 繁	艹 艹 艹 菈 萍 藻 藩	日 日 日 昍 晗 晗 晩	丷 平 平 釆 番 番 番

蛮
虫 12
バン
盤
皿 15
バン
比
5
比 4
ヒ
くらべる
皮
3
皮 5
ヒ
かわ
妃
女 6
ヒ
否
6
口 7
ヒ
いな
批
6
手 7
ヒ
彼
彳 8
ヒ
かれ
かの

披
手
8
ヒ
肥
5
肉
8
ヒ
こえる
こえ
こやす
こやし
非
5
非
8
ヒ
卑
十
9
ヒ
いやしい
いやしむ
いやしめる
飛
4
飛
9
ヒ
とぶ
とばす
疲
疒
10
ヒ
つかれる
秘
6
禾
10
ヒ
ひめる*
被
衣
10
ヒ
こうむる

漢字	級	部首	画数	音読み	訓読み	筆順
美	3	羊	9	ビ	うつくしい	丷 䒑 䒑 兰 羊 美
備	5	人	12	ビ	そなえる そなわる	亻 件 併 併 備 備 備
微		彳	13	ビ		彳 彵 彵 彵 微 微 微
鼻	3	鼻	14	ビ*	はな	白 自 鳥 帛 畠 畠 鼻
膝		肉	15		ひざ	月 肤 胅 膝 膝 膝 膝
肘		肉	7		ひじ	ノ 刀 月 月 肘 肘 肘
匹		匚	4	ヒツ	ひき	一 丆 兀 匹
必	4	心	5	ヒツ	かならず	丶 ソ 义 必 必

漢字	学年	部首	画数	音読み	訓読み	筆順
泌		水	8	ヒツ、ヒ		丶 氵 氵 沙 泌 泌 泌
筆	3	竹	12	ヒツ	ふで	ノ ⺈ ⺮ 竺 笙 筆 筆
姫		女	10		ひめ	く 女 如 如 如 姫 姫
百	1	白	6	ヒャク		一 丆 丆 百 百 百
氷	3	水	5	ヒョウ	こおり、ひ	亅 亅 氵 氺 氷
表	3	衣	8	ヒョウ	おもて、あらわす、あらわれる	一 十 丰 声 表 表 表
俵	6	人	10	ヒョウ	たわら	亻 什 佳 佳 俵 俵 俵
票	4	示	11	ヒョウ		一 冖 襾 襾 覀 票 票

漢字	学年	部首	画数	音読み	訓読み	書き順
評	5	言	12	ヒョウ		評
漂		水	14	ヒョウ	ただよう	漂
標	4	木	15	ヒョウ		標
苗		艹	8	ビョウ	なえ なわ	苗
秒	3	禾	9	ビョウ		秒
病	3	疒	10	ビョウ ヘイ	やむ* やまい	病
描		手	11	ビョウ	えがく かく	描
猫		犬	11	ビョウ	ねこ	猫

品 3 口 9 ヒン しな
品 品 品
丨 ⼝ 口 口 口 口 品 品 品

浜 水 10 ヒン はま
浜 浜 浜
氵 氵 汇 汇 沂 浜 浜

貧 5 貝 11 ヒン* ビン まずしい
貧 貧 貧
ノ 八 分 分 分 貧 貧 貧

賓 貝 15 ヒン
賓 賓 賓
宀 宁 宗 宾 賓 賓 賓

頻 頁 17 ヒン
頻 頻 頻
丨 卜 止 步 步 頻 頻

敏 攵 10 ビン
敏 敏 敏
𠂉 𠂉 每 每 每 每 敏

瓶 瓦 11 ビン
瓶 瓶 瓶
丷 并 并 瓶 瓶 瓶 瓶

不 4 一 4 ブ フ
不 不 不
一 ア 不 不

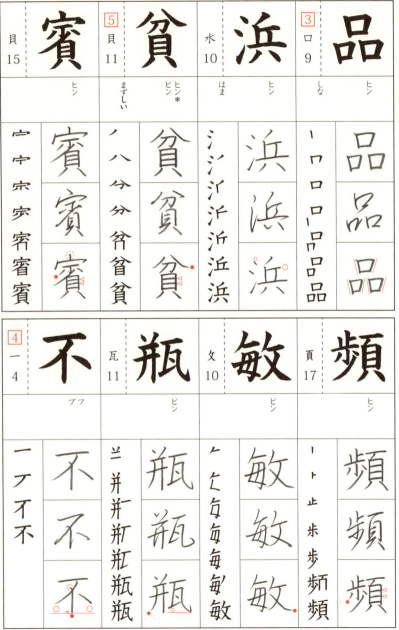

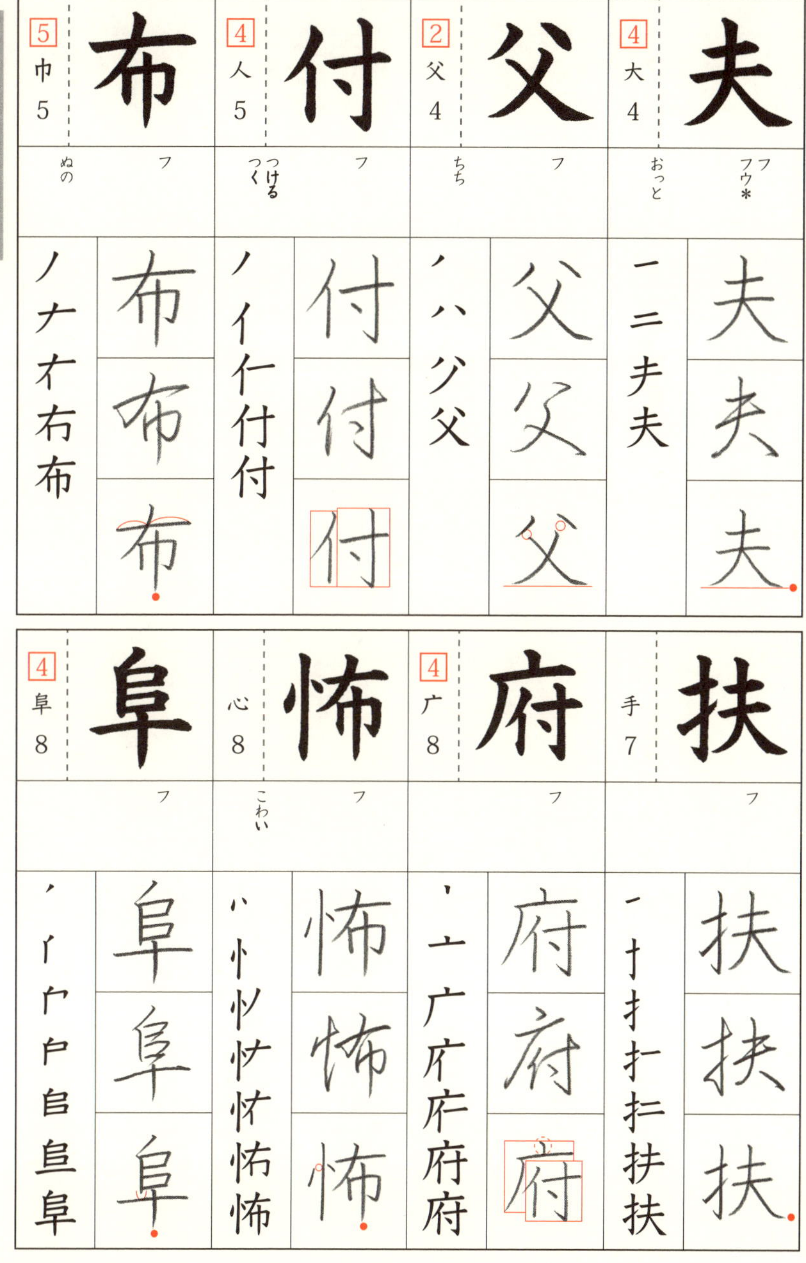
夫
4
大
4
フ
フウ*
おっと
一 二 夫 夫
父
2
父
4
フ
ちち
ノ ハ 父 父
付
4
人
5
フ
つける
つく
ノ イ 仁 付 付
布
5
巾
5
フ
ぬの
ノ ナ 十 右 布
扶
手
7
フ
一 十 扌 扌 扌 扶 扶
府
4
广
8
フ
丶 亠 广 广 庁 府 府
怖
心
8
フ
こわい
丶 忄 忄 怕 怖 怖
阜
4
阜
8
フ
丶 亻 户 户 阜 阜 阜

附	訃	負	赴
阝 8	言 9	3 貝 9	走 9
フ	フ	フ まける まかす おう	フ おもむく
附 附 附	訃 訃 訃	負 負 負	赴 赴 赴
了 阝 阝 阡 阡 附 附	、 亠 亖 言 言 訁 訃	ノ ク ⺈ 仴 角 負 負	一 土 丰 丰 走 赴 赴

浮	婦	符	富
水 10	5 女 11	竹 11	4 宀 12
フ うく うかれる うかぶ うかべる	フ	フ	フ フウ とむ とみ 富山(とやま)
浮 浮 浮	婦 婦 婦	符 符 符	富 富 富
氵 氵 氵 浮 浮 浮 浮	く 女 女 妇 婦 婦 婦	⺮ ⺮ ⺮ 竹 笁 符 符	丶 宀 宀 宫 富 富 富

フ―ブ

漢字	部首・画数	音	訓	筆順
普	日 12	フ		丷 丷 丷 丷 丷 並 普
腐	肉 14	フ	くさる くされる くさらす	广 府 府 府 腐 腐 腐
敷	攵 15	フ	しく	旦 甫 甫 尃 尃 尃 敷
膚	肉 15	フ		卜 卢 卢 虍 虍 虐 膚 膚
賦	貝 15	フ		貝 貝 貯 貯 賦 賦 賦
譜	言 19	フ		言 言 言 言 譜 譜 譜
侮	人 8	ブ	あなどる	亻 仁 仁 佐 侮 侮 侮
武	5 止 8	ムブ		一 二 干 亍 正 武 武

漢字	学年	部首	画数	音読み	訓読み	筆順
部	3	阝	11	ブ		亠 立 产 音 咅 咅 部
舞		舛	15	ブ	まう まい	𠂉 無 無 舞 舞 舞 舞
封		寸	9	フウ ホウ		一 十 土 圭 圭 封 封
風	2	風	9	フウ フ	かぜ かざ	丿 几 凡 凨 凬 風 風
伏		人	6	フク	ふせる ふす	ノ イ 仁 什 伏 伏
服	3	月	8	フク		丿 刀 月 月 肕 肕 服
副	4	刀	11	フク		一 百 畐 畐 畐 副 副
幅		巾	12	フク	はば	冂 巾 巾 帄 幅 幅 幅

復 5 彳 12 フク
福 3 示 13 フク
腹 6 肉 13 フク はら
複 5 衣 14 フク
覆 西 18 フク おおう くつがえす くつがえる
払 手 5 フツ はらう
沸 水 8 フツ わく わかす
仏 5 人 4 ブツ ほとけ

漢字	部首・画数	音	訓	筆順
物	3 牛 8	ブツ モツ	もの	物物物物物物物物
粉	5 米 10	フン	こ こな	粉粉粉粉粉粉粉粉粉粉
紛	糸 10	フン	まぎれる まぎらす まぎらわす まぎらわしい	紛紛紛紛紛紛紛紛紛紛
雰	雨 12	フン		雰雰雰雰雰雰雰
噴	口 15	フン	ふく	噴噴噴噴噴噴噴
墳	土 15	フン		墳墳墳墳墳墳墳
憤	心 15	フン	いきどおる	憤憤憤憤憤憤憤
奮	6 大 16	フン	ふるう	奮奮奮奮奮奮奮

分 2 刀 4
ブン フン ブ
わける わかれる わかる わかつ
大分(おおいた)
ノ 八 分 分

文 1 文 4
ブン モン
ふみ*
丶 亠 ナ 文

聞 2 耳 14
ブン モン
きく きこえる

丙 一 5
ヘイ

平 3 干 5
ヘイ ビョウ
たいら ひら
一 二 三 丕 平

兵 4 八 7
ヘイ ヒョウ

併 人 8
ヘイ
あわせる

並 6 一 8
ヘイ*
なみ ならべる ならぶ ならびに

漢字	学年	部首	画数	読み
柄		木	9	ヘイ がら え
陛	6	阝	10	ヘイ
閉	6	門	11	ヘイ とじる とざす＊ しめる しまる
塀		土	12	ヘイ
幣		巾	15	ヘイ
弊		廾	15	ヘイ
蔽		艹	15	ヘイ
餅		食	14	ヘイ もち

漢字	学年	部首	画数	音読み	訓読み
米	2	米	6	ベイ マイ	こめ
壁		土	16	ヘキ	かべ
璧		玉	18	ヘキ	
癖		疒	18	ヘキ	くせ
別	4	刀	7	ベツ	わかれる
蔑		艹	14	ベツ	さげすむ
片	6	片	4	ヘン*	かた
辺	4	辶	5	ヘン	あたり べ

漢字	学年	部首	画数	音	訓	筆順
返	3	辶	7	ヘン	かえす かえる	一 厂 万 反 汳 返 返
変	4	夂	9	ヘン	かわる かえる	亠 亣 亣 亦 亦 𠅤 変
偏		人	11	ヘン	かたよる	亻 仁 伊 侶 偏 偏 偏 偏
遍		辶	12	ヘン		戸 戸 肩 扁 扁 遍 遍
編	5	糸	15	ヘン	あむ	糸 紆 紀 紀 絹 絹 編
弁	5	廾	5	ベン		㇜ 厶 亼 弁 弁
便	4	人	9	ベン ビン	たより	亻 仁 仁 何 佰 便 便
勉	3	力	10	ベン		ノ ク 色 缶 缶 免 勉

歩 2 止 8 ホ ブ* フ あるく あゆむ

保 5 人 9 ホ たもつ

哺 口 10 ホ

捕 手 10 ホ とらえる とらわれる とる つかまえる つかまる

補 6 衣 12 ホ おぎなう

舗 口 15 ホ

母 2 母 5 ボ はは

募 力 12 ボ つのる

漢字	学年	部首	画数	音読み	訓読み	筆順
墓	5	土	13	ボ	はか	一 艹 艹 昔 亘 莫 墓
慕		心	14	ボ	したう	艹 艹 苜 莫 慕 慕 慕
暮	6	日	14	ボ*	くれる くらす	艹 艹 昔 亘 莫 莫 暮
簿		竹	19	ボ		𥫗 笁 箔 箔 箔 簿 簿
方	2	方	4	ホウ	かた	丶 亠 亍 方
包	4	勹	5	ホウ	つつむ	ノ 勹 勺 匀 包
芳		艹	7	ホウ	かんばしい	一 十 艹 艹 芏 芳 芳
邦		阝	7	ホウ		一 二 三 丰 邦 邦 邦

漢字	学年	部首	画数	音読み	訓読み
奉		大	8	ホウ ブ	たてまつる
宝	6	宀	8	ホウ	たから
抱		手	8	ホウ	だく いだく かかえる
放	3	攵	8	ホウ	はなす はなつ はなれる ほうる
法	4	水	8	ホウ ハッ ホッ	
泡		水	8	ホウ	あわ
胞		肉	9	ホウ	
俸		人	10	ホウ	

倣		人 10	ホウ	ならう	亻 仁 仿 仿 仿 仿 倣
峰		山 10	ホウ	みね	山 山' 山ク 山夂 峈 峰 峰
砲		石 10	ホウ		厂 石 石' 矽 矽 矽 砲
崩		山 11	ホウ	くずれる くずす	' 山 山' 屵 屵 崩 崩
訪	6	言 11	ホウ	おとずれる* たずねる	亠 亖 言 言' 訁 訪 訪
報	5	土 12	ホウ	むくいる*	土 圭 幸 幸' 幸 報 報
蜂		虫 13	ホウ	はち	口 虫 虫' 虫ク 蚁 蜂 蜂
豊	5	豆 13	ホウ	ゆたか	冂 冊 曲 曲 豊 豊 豊

ホウ ― ボウ

飽 食 13 ホウ あきる あかす

褒 衣 15 ホウ ほめる

縫 糸 16 ホウ ぬう

亡 6 亠 3 ボウ モウ ない

乏 ノ 4 ボウ とぼしい

忙 心 6 ボウ いそがしい

坊 土 7 ボウ ボッ

妨 女 7 ボウ さまたげる

漢字	級	部首	画数	音	訓
忘	6	心	7	ボウ*	わすれる
防	5	阝	7	ボウ	ふせぐ
房		戸	8	ボウ	ふさ
肪		肉	8	ボウ	

忘: 丶 亠 亡 亡 忘 忘 忘

防: ㇇ 阝 阝 阝' 阝亠 防 防

房: ⺕ ⺕ 戸 戸 戸 房 房

肪: 丿 月 月 月' 月亠 肪 肪

漢字	部首	画数	音	訓
某	木	9	ボウ	
冒	目	9	ボウ	おかす
剖	刀	10	ボウ	
紡	糸	10	ボウ	つむぐ

某: 一 十 廾 廿 甘 甘 某

冒: 冂 日 日 冃 冃 冒 冒

剖: 亠 亣 立 立 音 剖 剖

紡: 幺 糸 糸 糸' 糸亠 紡 紡

漢字	学年	部首	画数	音読み	訓読み	筆順
望	4	月	11	ボウ モウ＊	のぞむ	亠 亡 亡 切 胡 朢 望
傍		人	12	ボウ	かたわら	亻 亻 伫 伫 俈 倅 傍 傍
帽		巾	12	ボウ		丨 巾 帀 帀 帀 帽 帽 帽
棒	6	木	12	ボウ		一 木 村 村 桂 棒 棒
貿	5	貝	12	ボウ		ノ 匚 匚 卯 贸 留 貿
貌		豸	14	ボウ		ノ 乡 豸 豸 豹 豹 貌
暴	5	日	15	ボウ バク＊	あばく あばれる	日 旦 旦 旦 昇 暴 暴
膨		肉	16	ボウ	ふくらむ ふくれる	月 月 肚 胩 膨 膨 膨

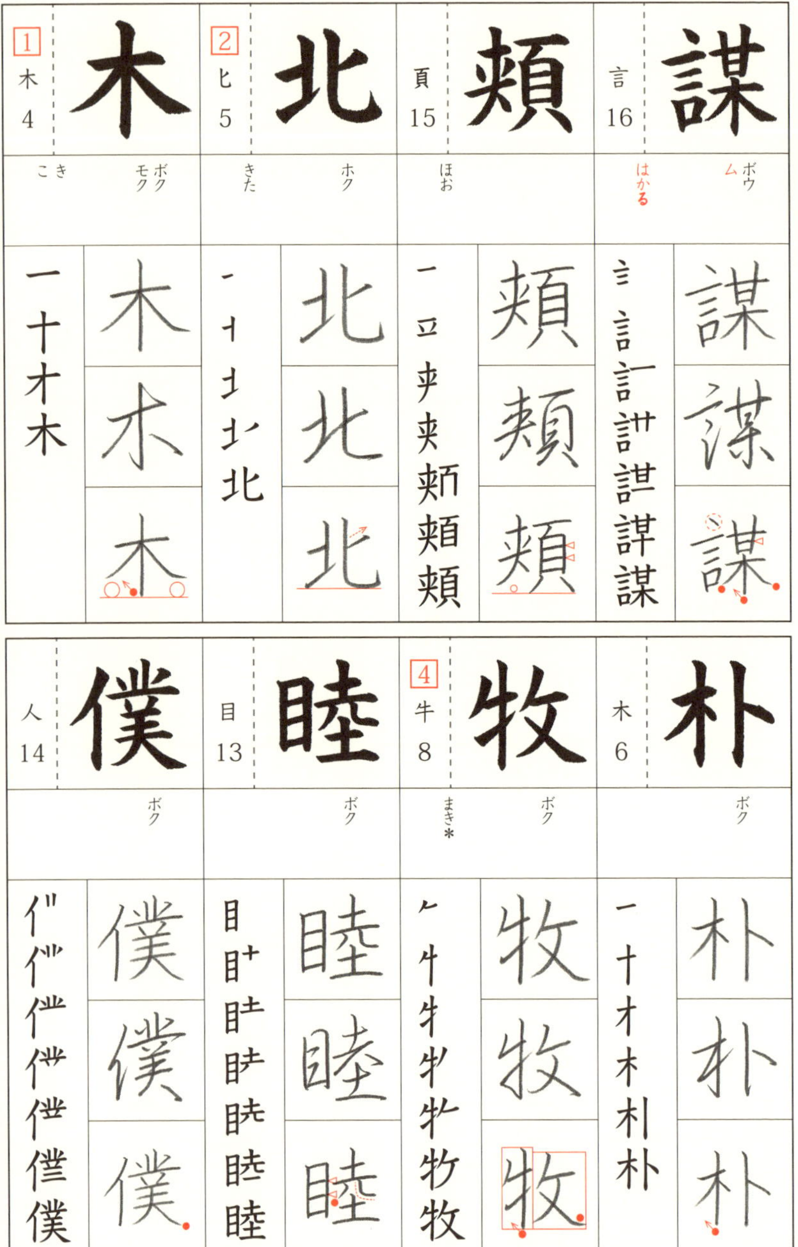

字	部首・画数	音	訓	筆順
木 (1)	木 4	ボク・モク	き・こ	一 十 オ 木
北 (2)	ヒ 5	ホク	きた	ー 十 ヨ ヨ 北
頬	頁 15		ほお	一 ㅍ 夾 夾 頬 頬 頬
謀	言 16	ボウ・ム	はかる	言 言 言 計 謀 謀 謀 謀
僕	人 14	ボク		亻 亻 亻 僕 僕 僕 僕
睦	目 13	ボク		目 目 目 睦 睦 睦 睦
牧 (4)	牛 8	ボク	まき*	丿 牛 牛 牛 牧 牧
朴	木 6	ボク		一 十 オ 木 朴 朴

墨	撲	没	勃
土 14	手 15	水 7	力 9
ボク すみ	ボク	ボツ	ボツ
冂 日 甲 里 黒 墨 墨	扌 扌 扌 扌 扌 撲 撲	丶 氵 氵 氵 汃 没 没	十 圭 孛 孛 孛 勃 勃

堀	本	奔	翻
土 11	1 木 5	大 8	羽 18
ほり	ホン もと	ホン	ホン ひるがえる ひるがえす
土 圹 圹 圻 坼 堀 堀	一 十 才 木 本	大 大 太 本 奔 奔 奔	立 平 采 番 翻 翻 翻

凡	盆	麻	摩
几 3	皿 9	麻 11	手 15
ボン ハン	ボン	マ あさ	マ
ノ 几 凡	八 分 分 分 岔 岔 盆	亠 广 广 庁 床 府 麻	广 庁 床 麻 麽 磨 摩

磨	魔	毎	妹
石 16	鬼 21	2 母 6	2 女 8
マ みがく	マ	マイ	マイ* いもうと
广 庁 床 麻 麽 磨 磨	麻 麻 麻 麿 麿 魔 魔	ノ 𠂉 仁 勾 毎 毎	乂 女 女 如 妸 妹 妹

6
木
8
枚
マイ
一 十 オ 木 杧 枚 枚
日
9
昧
マイ
日 日 日一 日二 昧 昧 昧
土
10
埋
マイ
うめる
うまる
うもれる
土 圠 坦 坦 埋
6
巾
13
幕
マク
バク
艹 苩 莒 莫 莫 幕 幕
肉
14
膜
マク
月 月 月艹 肸 腊 膜 膜
木
8
枕
まくら
一 十 オ 木 杧 枕 枕
又
2
又
また
フ 又
4
木
5
末
マツ
バツ
すえ
一 二 キ 末 末

漢字	部首・画数	読み	筆順
抹	手 8	マツ	一 扌 扌 扌 扌 抹 抹 抹
万 [2]	一 3	マン バン＊	一 丆 万
満 [4]	水 12	マン みちる みたす	氵 氵 氵 洪 洪 満 満 満
慢	心 14	マン	忄 忄 忄 悍 悍 慢 慢 慢
漫	水 14	マン	氵 氵 氵 氵 渭 渭 漫 漫
未 [4]	木 5	ミ	一 二 キ 未 未
味 [3]	口 8	ミ あじ あじわう	丨 口 口 口 吽 味 味 味
魅	鬼 15	ミ	ノ 白 由 鬼 鬼 鬼 魅

岬　山 8　みさき

密　6　宀 11　ミツ

蜜　虫 14　ミツ

脈　5　肉 10　ミャク

妙　女 7　ミョウ

民　4　氏 5　ミン　たみ*

眠　目 10　ミン　ねむる　ねむい

矛　矛 5　ム　ほこ

漢字	学年	部首	画数	音読み	訓読み	筆順
務	5	力	11	ム	つとめる・つとまる	マ ヌ 予 矛 矛 敄 務
無	4	火	12	ブ・ム	ない	ノ 𠂉 午 午 無 無 無
夢	5	夕	13	ム	ゆめ	艹 苎 苗 苗 苗 夢 夢
霧		雨	19	ム	きり	雨 雨 雰 雰 霁 霚 霧
娘		女	10		むすめ	く 女 如 妇 娘 娘 娘
名	1	口	6	メイ・ミョウ	な	ノ ク タ タ 名 名
命	3	口	8	メイ・ミョウ*	いのち	人 亼 今 合 合 命 命
明	2	日	8	メイ・ミョウ	あかり・あかるい・あかるむ・あからむ・あきらか・あける・あく・あくる・あかす	丨 冂 日 日 旫 明 明

迷 5 辶 9 メイ* まよう
丷 䒑 半 米 米 迷 迷

冥 冖 10 メイ ミョウ
冖 冖 冗 冒 冒 冝 冥

盟 6 皿 13 メイ
冂 日 明 明 明 盟 盟

銘 金 14 メイ
𠆢 金 金 釤 銘 銘 銘

鳴 2 鳥 14 メイ なく なる ならす
口 叮 叩 呾 呾 鳴 鳴

滅 水 13 メツ ほろびる ほろぼす
氵 汇 沔 泝 滅 滅 滅

免 儿 8 メン まぬかれる
⺈ ⺈ 𠂊 ⺈ 㑒 免 免

面 3 面 9 メン おも* おもて* つら
一 丆 丆 丙 而 而 面

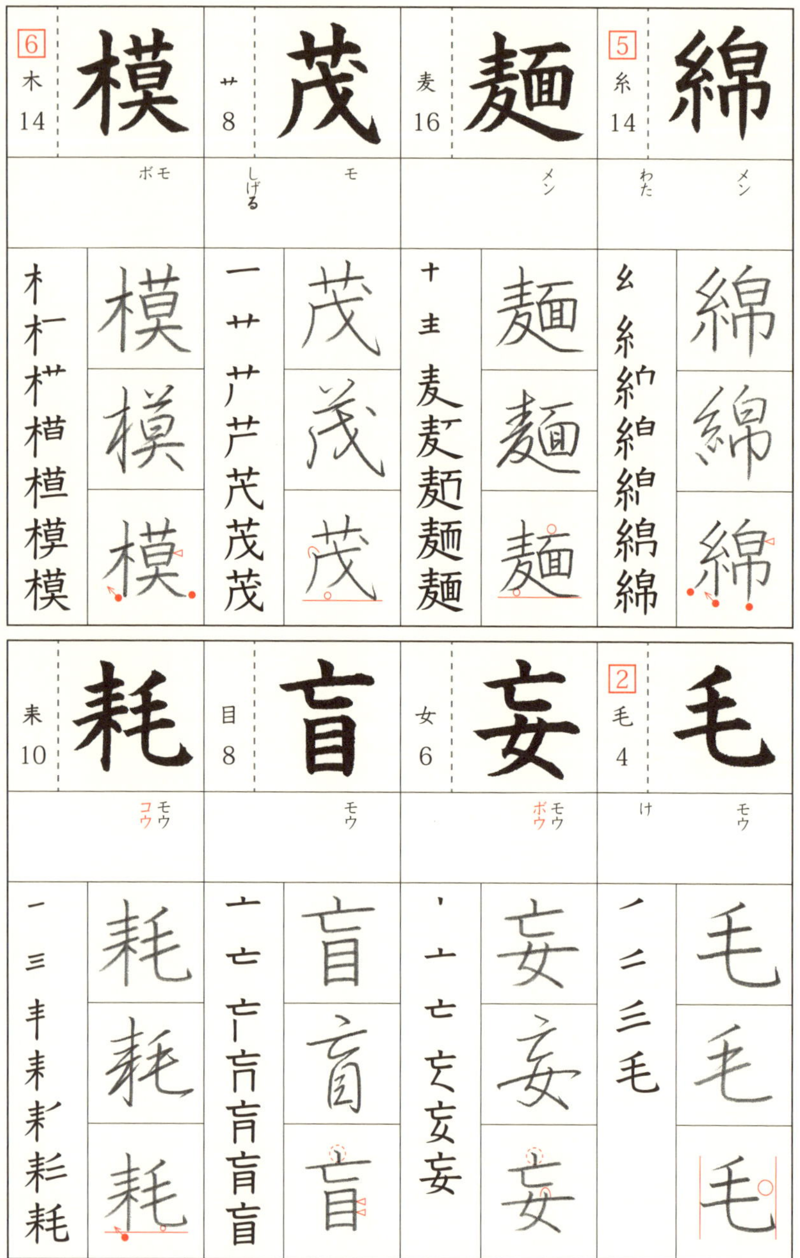
綿
5
糸
14
メン
わた
麺
麦
16
メン
茂
艹
8
モ
しげる
模
6
木
14
モ
ボ
毛
2
毛
4
モウ
け
妄
女
6
モウ
ボウ
盲
目
8
モウ
耗
耒
10
モウ
コウ

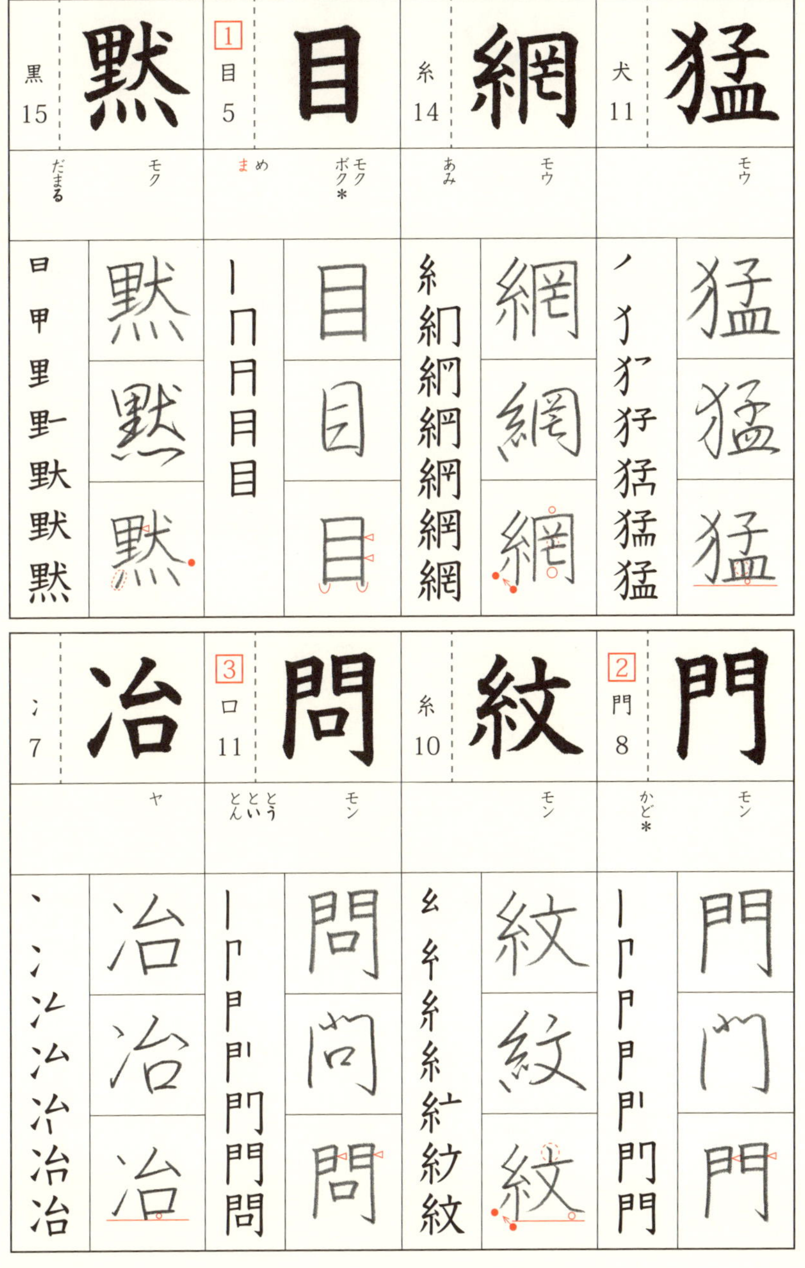
猛
犬 11
モウ
綱
糸 14
モウ
あみ
目
1
目 5
モク
ボク＊
め
ま
黙
黒 15
モク
だまる
門
2
門 8
モン
かど＊
紋
糸 10
モン
問
3
口 11
モン
とう
とい
とん
冶
冫 7
ヤ

漢字	学年	部首	画数	音読み	訓読み	筆順
夜	2	夕	8	ヤ	よ・よる	丶 亠 亣 疒 夜 夜 夜 夜
野	2	里	11	ヤ	の	口 日 甲 里 野 野 野
弥		弓	8		や	弓 弓 弘 弥 弥 弥 弥
厄		厂	4	ヤク		一 厂 厂 厄
役	3	彳	7	ヤク・エキ*		丿 彡 彳 彳 役 役 役
約	4	糸	9	ヤク		く 幺 糸 糸 約 約 約
訳	6	言	11	ヤク	わけ	言 言 言 訂 訂 訳 訳
薬	3	艹	16	ヤク	くすり	一 艹 艹 苷 䒑 薬 薬

躍
足
21
ヤク
おどる
闇
門
17
やみ
由
3
田
5
ユ
ユウ
ユイ
よし
油
3
水
8
ユ
あぶら
喩
口
12
ユ
愉
心
12
ユ
諭
言
16
ユ
さとす
輸
5
車
16
ユ

漢字	学年	部首	画数	音読み	訓読み
癒		疒	18	ユ	いえる・いやす
唯		口	11	ユイ・イ	
友	2	又	4	ユウ	とも
有	3	月	6	ユウ・ウ*	ある
勇	4	力	9	ユウ	いさむ
幽		幺	9	ユウ	
悠		心	11	ユウ	
郵	6	阝	11	ユウ	

漢字	部首	画数	音読み	訓読み
湧	水	12	ユウ	わく
猶	犬	12	ユウ	
裕	衣	12	ユウ	
遊 3	辶	12	ユウ ユ	あそぶ
雄	隹	12	ユウ	おす お
誘	言	14	ユウ	さそう
憂	心	15	ユウ	うれえる うれい うい
融	虫	16	ユウ	

湧 湧 湧

猶 猶 猶

裕 裕 裕

遊 遊 遊

雄 雄 雄

誘 誘 誘

憂 憂 憂

融 融 融

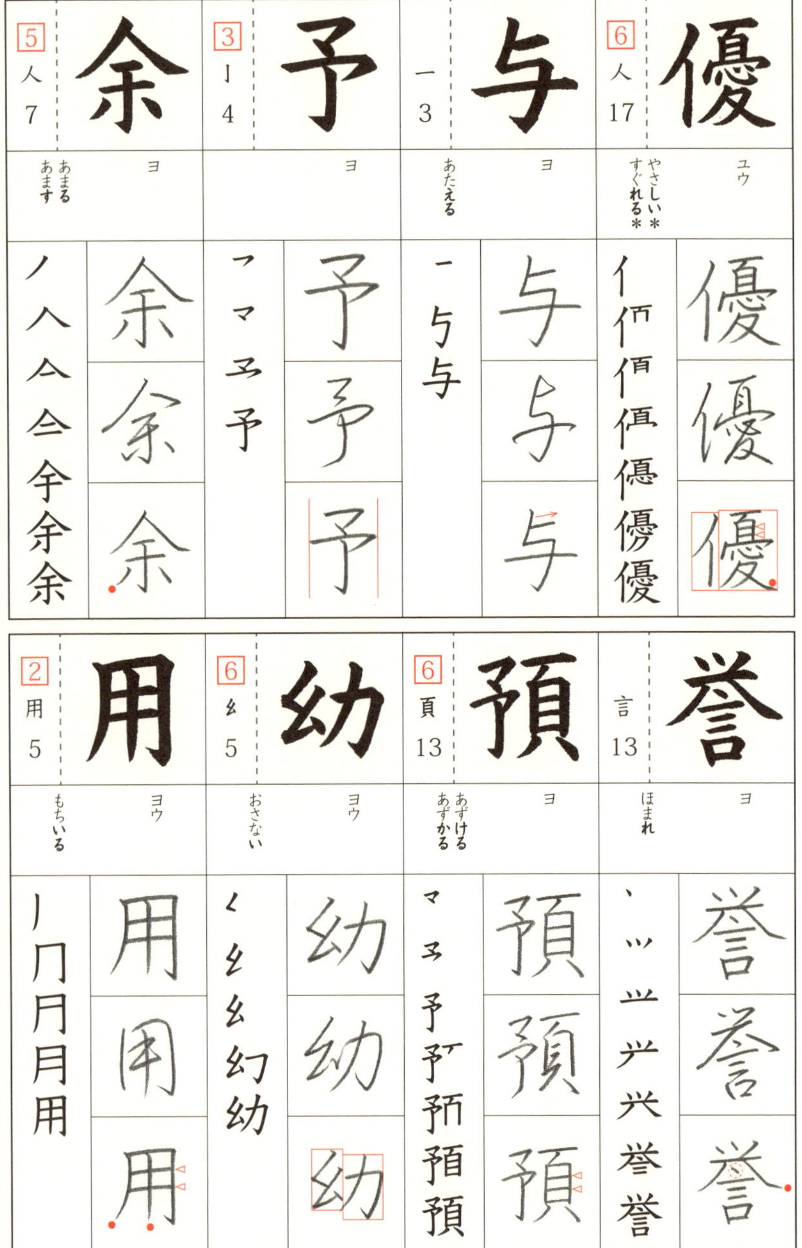
優
6
人
17
ユウ
やさしい＊
すぐれる＊
与
一
3
ヨ
あたえる
予
3
亅
4
ヨ
余
5
人
7
ヨ
あまる
あます
誉
言
13
ヨ
ほまれ
預
6
頁
13
ヨ
あずける
あずかる
幼
6
幺
5
ヨウ
おさない
用
2
用
5
ヨウ
もちいる

羊
3
羊
6
ヨウ
ひつじ
妖
女
7
ヨウ
あやしい
洋
3
水
9
ヨウ
要
4
西
9
ヨウ
かなめ
いる*
容
5
宀
10
ヨウ
庸
广
11
ヨウ
揚
手
12
ヨウ
あげる
あがる
揺
手
12
ヨウ
ゆれる
ゆる・ゆらぐ
ゆるぐ
ゆする
ゆさぶる
ゆすぶる

葉	陽	溶	腰
3 艹 12	3 阝 12	水 13	肉 13
ヨウ は	ヨウ	ヨウ とける とかす とく	ヨウ こし
葉 葉 葉	陽 陽 陽	溶 溶 溶	腰 腰 腰
一 艹 艹 艹 艹 丗 葉	７ 了 阝 阝 阝 陽 陽	氵 氵 氵 氵 氵 溶 溶	月 月 月 月 腰 腰 腰

様	瘍	踊	窯
3 木 14	疒 14	足 14	穴 15
ヨウ さま	ヨウ	ヨウ おどる おどり	ヨウ かま
様 様 様	瘍 瘍 瘍	踊 踊 踊	窯 窯 窯
十 木 村 村 样 样 様	广 疒 疒 疒 疒 瘍 瘍	口 ⻊ 足 足 踊 踊 踊	宀 宀 宀 宀 宀 窑 窯

漢字	学年	部首	画数	音読み	訓読み	筆順
養	4	食	15	ヨウ	やしなう	丷 䒑 𦍌 美 养 養 養
擁		手	16	ヨウ		扌 扩 扩 挤 搾 擁 擁
謡		言	16	ヨウ	うたい うたう	亠 言 訁 訢 謡 謡 謡
曜	2	日	18	ヨウ		日 日 睗 瞿 曜 曜 曜
抑		手	7	ヨク	おさえる	一 十 扌 扌 扣 扣 抑
沃		水	7	ヨク		丶 冫 氵 氵 汇 沃 沃
浴	4	水	10	ヨク	あびる あびせる	丶 冫 氵 氵 汃 浴 浴
欲	6	欠	11	ヨク	ほっする ほしい*	八 公 谷 谷 谷 欲 欲

漢字	学年	部首	画数	音読み	訓読み
翌	6	羽	11	ヨク	
翼		羽	17	ヨク	つばさ
拉		手	8	ラ	
裸		衣	13	ラ	はだか
羅		罒	19	ラ	
来	2	木	7	ライ	くる きたる* きたす*
雷		雨	13	ライ	かみなり
頼		頁	16	ライ	たのむ たのもしい たよる

絡 糸 12
ラク
からむ
からまる
からめる

落 3 艹 12
ラク
おちる
おとす

酪 酉 13
ラク

辣 辛 14
ラツ

乱 6 乙 7
ラン
みだれる
みだす

卵 6 卩 7
ラン*
たまご

覧 6 見 17
ラン

濫 水 18
ラン

藍 艹18 ラン あい
欄 木20 ラン
吏 口6 リ
利 刀7 リ きく 4
里 里7 リ さと 2
理 玉11 リ 2
痢 疒12 リ
裏 衣13 リ* うら 6

漢字	学年	部首	画数	音読み	訓読み
履		尸	15	リ	はく
璃		玉	14	リ	
離		隹	18	リ	はなれる はなす
陸	4	阝	11	リク	
立	1	立	5	リツ リュウ	たつ たてる
律	6	彳	9	リツ リチ	
慄		心	13	リツ	
略	5	田	11	リャク	

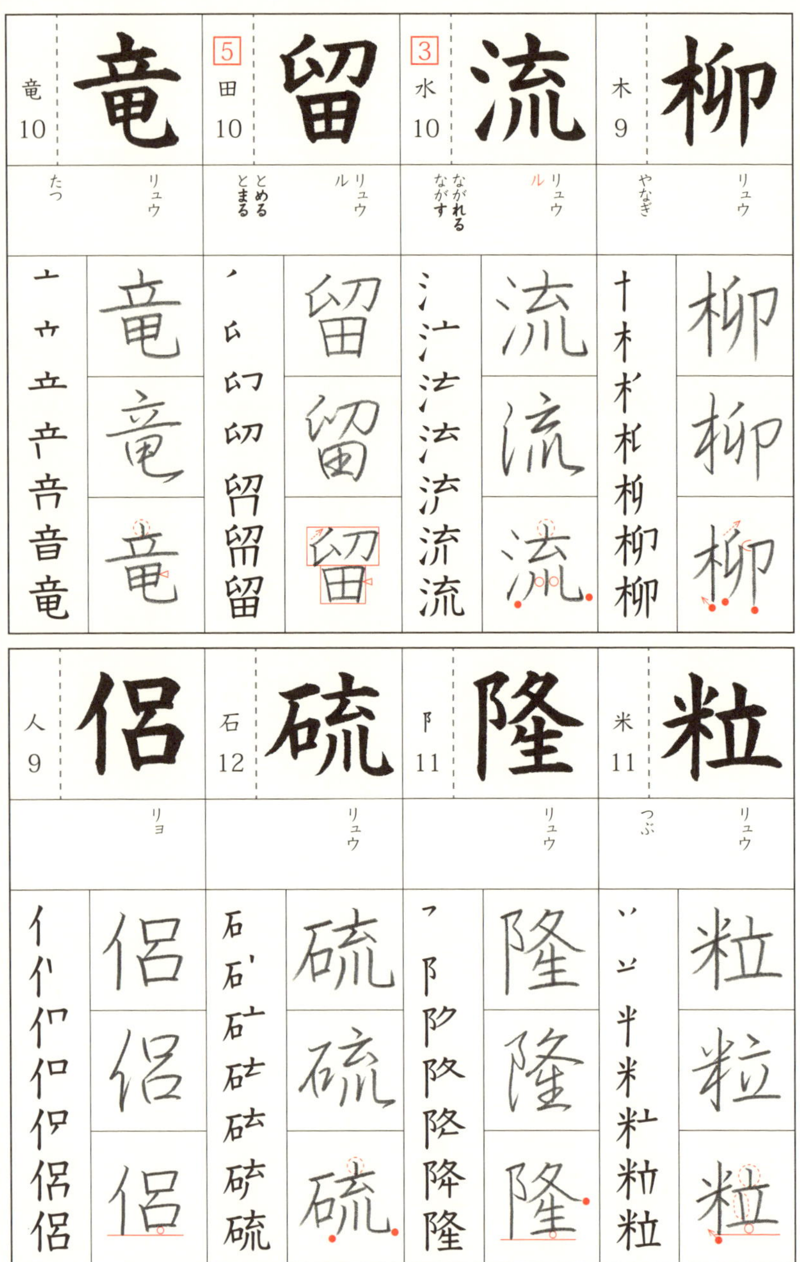
竜
竜 10
リュウ
たつ
留
5
田 10
リュウ ル
とめる とまる
流
3
水 10
リュウ ル
ながれる ながす
柳
木 9
リュウ
やなぎ
侶
人 9
リョ
硫
石 12
リュウ
隆
阝 11
リュウ
粒
米 11
リュウ
つぶ

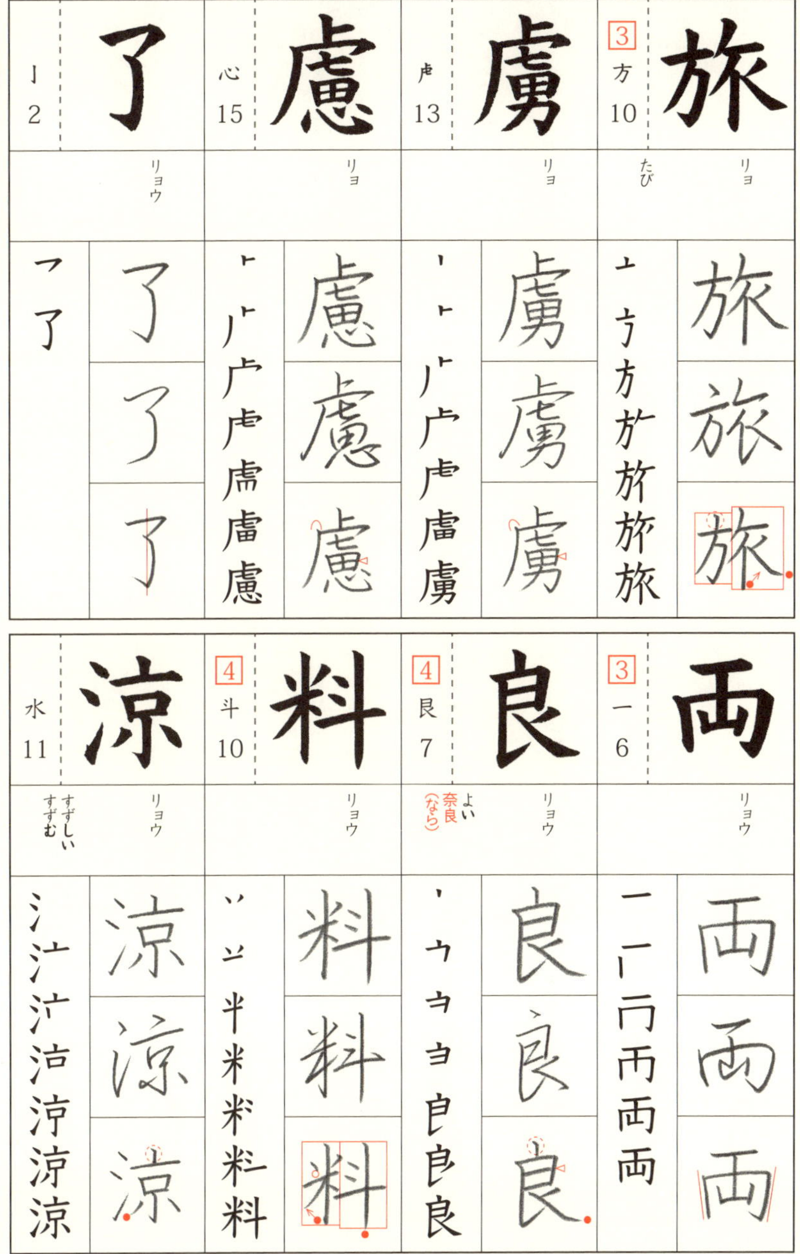
3
方
10
旅
リョ
たび
虍
13
虜
リョ
心
15
慮
リョ
亅
2
了
リョウ
3
一
6
両
リョウ
4
艮
7
良
リョウ
よい
奈良(なら)
4
斗
10
料
リョウ
水
11
涼
リョウ
すずしい
すずむ

猟
犬
11
リョウ
陵
阝
11
リョウ
みささぎ
量
4
里
12
リョウ
はかる
僚
人
14
リョウ
領
5
頁
14
リョウ
寮
宀
15
リョウ
療
疒
17
リョウ
瞭
目
17
リョウ

1
林
木
8
リン
はやし
一 十 才 木 木一 村 林
林
林
林
3
緑
糸
14
リョク
ロク
みどり
緑
緑
緑
1
力
力
2
リョク
リキ
ちから
フ 力
力
力
力
糧
米
18
リョウ
ロウ
かて
糧
糧
糧
隣
阝
16
リン
となる
となり
隣
隣
隣
4
輪
車
15
リン
わ
輪
輪
輪
倫
人
10
リン
倫
倫
倫
厘
厂
9
リン
一 厂 厂 厅 后 厘 厘
厘
厘
厘

臨	瑠	涙	累
6 臣 18	玉 14	水 10	糸 11
リン のぞむ*	ル	ルイ なみだ	ルイ
臨	瑠	涙	累

塁	類	令	礼
土 12	4 頁 18	4 人 5	3 示 5
ルイ	ルイ たぐい	レイ	レイ ライ
塁	類	令	礼

冷
4　冫 7
レイ
つめたい・ひえる・ひや・ひやす・ひやかす・さめる・さます
丶 冫 冫 冫 冷 冷 冷

励
力 7
レイ
はげむ・はげます
一 厂 厂 厉 厉 励 励

戻
戸 7
レイ
もどす・もどる
一 コ ヨ 戸 戸 戻 戻

例
4　人 8
レイ
たとえる
亻 仁 仍 仍 仍 例 例

鈴
金 13
レイ・リン
すず
𠆢 今 余 金 金 鈴 鈴

零
雨 13
レイ
二 币 帀 雨 雰 雰 零

霊
雨 15
レイ・リョウ
たま
二 币 帀 雨 雲 雲 霊 霊

隷
隶 16
レイ
士 隶 隶 隷 隷 隷 隷

漢字	部首・画数	読み	筆順
齢	歯 17	レイ	止 𣥂 𣥄 歯 齢
麗	鹿 19	レイ／うるわしい	一 丽 麗
暦	日 14	レキ／こよみ	厂 厈 床 厞 厤 曆 暦
歴 5	止 14	レキ	一 厂 床 厤 歴
列 3	刀 6	レツ	一 ア 万 歹 歹 列
劣	力 6	レツ／おとる	亅 小 少 劣
烈	火 10	レツ	一 ア 万 歹 列 烈
裂	衣 12	レツ／さく さける	ア 歹 列 裂

漢字	部首・画数	読み	筆順
恋	心 10	レン こう こい こいしい	亠 亣 亣 亦 亦 恋 恋
連	⻌ 10 (4)	レン つらなる つらねる つれる	一 百 亘 亘 車 連 連
廉	广 13	レン	广 产 产 庐 廉 廉 廉
練	糸 14 (3)	レン ねる	𠃋 幺 糸 紅 絔 絊 練
錬	金 16	レン	𠆢 今 金 釒 釘 錬 錬
呂	口 7	ロ	丨 冂 口 尸 尸 呂 呂
炉	火 8	ロ	丷 火 火 灯 灯 炉 炉
賂	貝 13	ロ	目 貝 貝 貯 賂 賂 賂

漢字	部首・画数	学年	音読み	訓読み	筆順
路	足 13	3	ロ	じ	路
露	雨 21		ロ ロウ	つゆ	露
老	耂 6	4	ロウ	おいる ふける	一 十 土 耂 老 老
労	力 7	4	ロウ		労
弄	廾 7		ロウ	もてあそぶ	一 丅 干 王 王 弄 弄
郎	阝 9		ロウ		郎
朗	月 10	6	ロウ	ほがらか*	朗
浪	水 10		ロウ		浪

廊	楼	漏	籠
广 12	木 13	水 14	竹 22
ロウ	ロウ	ロウ もる もれる もらす	ロウ かご こもる
广 庐 庐 庐 庐 廊 廊	木 木' 朴 栏 栏 楼 楼	氵 沪 沪 涓 漏 漏 漏	竹 笁 箐 箐 箐 籠 籠

六	録	麓	論
1 八 4	4 金 16	鹿 19	6 言 15
ロク む むっつ むつ むい	ロク	ロク ふもと	ロン
' 亠 六 六	𠆢 牟 金 釕 釕 録 録	林 埜 芦 蒲 麓 麓 麓	言 訁 訡 訡 訡 論 論

和	話	賄	脇
3 口 8	2 言 13	貝 13	肉 10
ワ オ やわらぐ＊ やわらげる＊ なごむ＊ なごやか＊	ワ はなす はなし	ワイ まかなう	わき
二 千 禾 禾 禾 和 和	丶 亠 言 言 訁 訐 話	冂 目 貝 貝 貝 賄 賄	丿 月 肌 肋 脇 脇 脇

惑	枠	湾	腕
心 12	木 8	水 12	肉 12
ワク まどう	わく	ワン	ワン うで
戸 亘 戓 或 或 惑 惑	十 才 木 杉 朸 枠 枠	氵 汁 汸 泫 湾 湾 湾	丿 月 肸 肸 胯 脘 腕

第三章
平仮名・片仮名の字形と筆順

■平仮名・片仮名の字源
■平仮名・片仮名

平仮名・片仮名の字源

平仮名と片仮名は、漢字を元にして生まれた日本独自の文字です。それぞれ、元になった漢字（字源）は次のとおりです。

平仮名の字源

行	あ段	い段	う段	え段	お段
あ	安 あ	以 い	宇 う	衣 え	於 お
か	加 か	幾 き	久 く	計 け	己 こ
さ	左 さ	之 し	寸 す	世 せ	曽 そ
た	太 た	知 ち	川 つ	天 て	止 と
な	奈 な	仁 に	奴 ぬ	祢 ね	乃 の
は	波 は	比 ひ	不 ふ	部 へ	保 ほ
ま	末 ま	美 み	武 む	女 め	毛 も
や	也 や		由 ゆ		与 よ
ら	良 ら	利 り	留 る	礼 れ	呂 ろ
わ	和 わ	為 ゐ		恵 ゑ	遠 を
ん	无 ん				

片仮名の字源

行	ア段	イ段	ウ段	エ段	オ段
ア	阿 ア	伊 イ	宇 ウ	江 エ	於 オ
カ	加 カ	幾 キ	久 ク	介 ケ	己 コ
サ	散 サ	之 シ	須 ス	世 セ	曽 ソ
タ	多 タ	千 チ	川 ツ	天 テ	止 ト
ナ	奈 ナ	二 ニ	奴 ヌ	祢 ネ	乃 ノ
ハ	八 ハ	比 ヒ	不 フ	部 ヘ	保 ホ
マ	万 マ	三 ミ	牟 ム	女 メ	毛 モ
ヤ	也 ヤ		由 ユ		与 ヨ
ラ	良 ラ	利 リ	流 ル	礼 レ	呂 ロ
ワ	和 ワ	井 ヰ		恵 ヱ	乎 ヲ
ン	(尓) ン				

ゐ・ゑ・ヰ・ヱ

※古代には、ア行の「い・え」と、ワ行の「ゐ・ゑ」の発音が区別されていたため、それに対応する仮名があった。

※( )の付いているものは、元の字がはっきりしていないもの。

平仮名	あ	い	う	え	お
毛筆・楷書	あ	い	う	え	お
硬筆・楷書	あ	い	う	え	お
Point 字形のポイント	あ (1 2 3)	い	う	え	お (1 2 3)
毛筆・行書	あ	い	う	え	お
硬筆・行書	あ	い	う	え	お
平仮名ができるまで	安安あああ	以以いい	宇宇宇う	衣衣衣え	於於おお

片仮名	ア	イ	ウ	エ	オ
硬筆・楷書	ア	イ	ウ	エ	オ
硬筆・行書	ア	イ	ウ	エ	オ

あ—お

か	き	く	け	こ
か	き	く	け	こ
か	き	く	け	こ
1 か 2 3	き	く	け	こ
か	き	く	け	こ
か	き	く	け	こ
加加加か	幾幾幾き	久久久く	計計計け	己己己こ
カ	キ	ク	ケ	コ
カ	キ	ク	ケ	コ

そ	せ	す	し	さ
そ	せ	す	し	さ
そ	2 1 3 せ	す	し	さ
そ	せ	す	し	さ
そ	せ	す	し	さ
曽曽そそ	世世せせ	すすすす	之之しし	左左ささ
1 2 ソ	2 1 セ	ス	1 2 3 シ	2 3 1 サ
ソ	セ	ス	シ	サ

た — と

と	て	つ	ち	た
と	て	つ	ち	た
と	て	つ	ち	た
と	て	つ	ち	た
と	て	つ	ち	た
と	て	つ	ち	た
止止とと	天天てて	川川つつ	知知ちち	太太たた
ト	テ	1 2 3 ツ	チ	タ
ト	テ	ツ	チ	タ

な — の

な	に	ぬ	ね	の
な	に	ぬ	ね	の
な	に	ぬ	ね	の
な	に	ぬ	ね	の
な	に	ぬ	ね	の
な	に	ぬ	ね	の
奈奈奈な	仁仁にに	奴奴ぬぬ	祢祢ねね	乃乃乃の
ナ	ニ	ヌ	ネ	ノ
ナ	ニ	ヌ	ネ	ノ

は	ひ	ふ	へ	ほ
は	ひ	ふ	へ	ほ
は	ひ	ふ	へ	ほ
は	ひ	ふ	へ	ほ
は	ひ	ふ	へ	ほ
波波波は	比比比ひ	不不ふふ	部部部へ	保保保ほ
ハ	ヒ	フ	ヘ	ホ
ハ	ヒ	フ	ヘ	ホ

も	め	む	み	ま
も	め	む	み	ま
1 2 3 も	め	む	み	1 2 3 ま
も	め	む	み	ま
も	め	む	み	ま
毛 毛 も も	女 女 め め	武 武 む む	美 美 み み	末 末 ま ま
1 2 3 モ	メ	ム	ミ	マ
モ	メ	ム	ミ	マ

ま—も

り	ら	よ	ゆ	や
り	ら	よ	ゆ	や
り	ら	よ	ゆ	や
り	ら	よ	ゆ	や
り	ら	よ	ゆ	や
利利和り	良良良ら	与与与よ	由由ゆゆ	也也やや
リ	ラ	ヨ	ユ	ヤ
リ	ラ	ヨ	ユ	ヤ

る — ゐ

ゐ	わ	ろ	れ	る
ゐ	わ	ろ	れ	る
ゐ	わ	ろ	れ	る
ゐ	わ	ろ	れ	る
ゐ	わ	ろ	れ	る
為為ゐゐ	和和わわ	呂呂ろろ	礼礼れれ	留留るる
1 2 3 4 ヰ	ワ	ロ	レ	ル
ヰ	ワ	ロ	レ	ル

ゑ―ん

ゑ　を　ん

恵恵恵ゑ

遠遠遠を

无无えん

ヱ　ヲ　ン

※「な・ね・ほ・ま」の結びの形は、字源によれば「逆三角形」が妥当ですが、小学校国語科書写教科書では「は・ぬ」などと同様に「横楕円形」に書くことが多いようです。行書に調和させる場合は「逆三角形」に書きます。

※濁点（゛）や半濁点（゜）を書く場合には、仮名の右斜め上に書きます。

バ　パ

ビ　ピ

ブ　プ

ベ　ペ

ボ　ポ

音訓索引

■本書に載っている常用漢字二一三六字の親字について、その音と訓を五十音順に並べました。

■音は片仮名、訓は平仮名で示し、訓の送り仮名は朱字で示しました。

■同じ読みの場合は、画数順に並べました。

あ ア

読み方	漢字	ページ
ア	亜	26
アイ	哀	26
アイ	挨	26
アイ	愛	26
アイ	曖	26
あい	相	178
あい	藍	280
あいだ	間	59
あう	会	47
あう	合	107
あう	遭	181
あお	青	165
あおい	青	165
あおぐ	仰	78
あか	赤	168
あかい	赤	168
あかす	明	266
あかす	飽	257
あかつき	暁	78
あからむ	赤	168
あからむ	明	266
あからめる	赤	168
あかり	明	266
あがる	上	152
あがる	挙	74
あがる	揚	275
あかるい	明	266
あかるむ	明	266
あき	秋	137
あきなう	商	148
あきらか	明	266
あきらめる	諦	208
あきる	飽	257
アク	悪	26
アク	握	26
あく	明	266
あく	空	82
あく	開	49
あくる	明	266
あける	明	266
あける	空	82
あける	開	49
あげる	上	152
あげる	挙	74
あげる	揚	275
あご	顎	54
あこがれる	憧	151
あさ	麻	262
あさ	朝	201
あざ	字	126
あさい	浅	172
あざける	嘲	202
あざむく	欺	68
あざやか	鮮	175
あし	足	183
あし	脚	70
あじ	味	264
あじわう	味	264
あずかる	預	274
あずける	預	274
あせ	汗	57
あせる	焦	149
あそぶ	遊	273
あたい	価	43
あたい	値	195
あたえる	与	274
あたたか	温	42
あたたか	暖	194
あたたかい	温	42
あたたかい	暖	194
あたたまる	温	42
あたたまる	暖	194
あたためる	温	42
あたためる	暖	194
あたま	頭	217
あたらしい	新	159
あたり	辺	251
あたる	当	213
アツ	圧	26
あつい	厚	102
あつい	暑	144
あつい	熱	224
あつかう	扱	27
あつまる	集	138
あつめる	集	138
あてる	充	139
あてる	当	213
あてる	宛	27
あと	後	98
あと	痕	110
あと	跡	169
あな	穴	89
あなどる	侮	245
あに	兄	84
あね	姉	123
あばく	暴	259
あばれる	暴	259
あびせる	浴	277
あびる	浴	277

読み方	漢字	ページ
あぶない	危	63
あぶら	油	271
あぶら	脂	124
あま	天	209
あま	尼	223
あま	雨	33
あまい	甘	57
あまえる	甘	57
あます	余	274
あまやかす	甘	57
あまる	余	274
あみ	網	269
あむ	編	252
あめ	天	209
あめ	雨	33
あやうい	危	63
あやしい	妖	275
あやしい	怪	48
あやしむ	怪	48
あやつる	操	182
あやぶむ	危	63
あやまち	過	45
あやまつ	過	45
あやまる	誤	99
あやまる	謝	132
あゆむ	歩	253
あらい	荒	103
あらい	粗	177
あらう	洗	172
あらし	嵐	27
あらす	荒	103
あらそう	争	178
あらた	新	159
あらたまる	改	48
あらためる	改	48
あらわす	表	240
あらわす	著	199
あらわす	現	94
あらわれる	表	240
あらわれる	現	94
ある	在	115
ある	有	272
あるく	歩	253
あれる	荒	103
あわ	泡	255
あわい	淡	193
あわす	合	107
あわせる	合	107
あわせる	併	249
あわただしい	慌	105
あわてる	慌	105
あわれ	哀	26
あわれむ	哀	26
アン	安	27
アン	行	101
アン	案	27
アン	暗	27
い イ		
イ	以	27
イ	衣	27
イ	位	28
イ	医	28
イ	囲	28
イ	依	28
イ	委	28
イ	易	35
イ	威	28
イ	為	28
イ	畏	28
イ	胃	29
イ	唯	272
イ	尉	29
イ	萎	29
イ	異	29
イ	移	29
イ	偉	29
イ	椅	29
イ	彙	29
イ	違	30
イ	意	30
イ	維	30
イ	遺	30
イ	慰	30
イ	緯	30
い	井	163
いう	言	94
いえ	家	44
いえる	癒	272
いかす	生	164
いかる	怒	213
イキ	域	30
いき	息	184
いき	粋	161
いきおい	勢	166
いきどおる	憤	248
いきる	生	164
イク	育	30
いく	行	101
いく	逝	166
いく	幾	66

読み方	漢字	ページ
いくさ	戦	173
いけ	池	195
いける	生	164
いこい	憩	87
いこう	憩	87
いさぎよい	潔	89
いさむ	勇	272
いし	石	168
いしずえ	礎	177
いずみ	泉	172
いそがしい	忙	257
いそぐ	急	72
いた	板	234
いたい	痛	204
いだく	抱	255
いたす	致	195
いただき	頂	201
いただく	頂	201
いたむ	悼	215
いたむ	痛	204
いたむ	傷	150
いためる	痛	204
いためる	傷	150
いたる	至	122
イチ	一	31
イチ	壱	31
いち	市	121
いちじるしい	著	199
イツ	一	31
イツ	逸	31
いつ	五	97
いつくしむ	慈	128
いつつ	五	97
いつわる	偽	68
いと	糸	122
いとなむ	営	35
いどむ	挑	200
いな	否	236
いな	稲	216
いぬ	犬	90
いね	稲	216
いのち	命	266
いのる	祈	64
いばら	茨	31
いま	今	109
いましめる	戒	48
いまわしい	忌	64
いむ	忌	64
いも	芋	31
いもうと	妹	262
いや	嫌	92
いやしい	卑	237
いやしむ	卑	237
いやしめる	卑	237
いやす	癒	272
いる	入	223
いる	居	73
いる	要	275
いる	射	131
いる	煎	173
いる	鋳	199
いれる	入	223
いろ	色	154
いろどる	彩	113
いわ	岩	62
いわう	祝	140
イン	引	31
イン	印	31
イン	因	31
イン	咽	32
イン	姻	32
イン	音	41
イン	員	32
イン	院	32
イン	陰	32
イン	淫	32
イン	飲	32
イン	隠	32
イン	韻	33

う ウ

読み方	漢字	ページ
ウ	右	33
ウ	宇	33
ウ	有	272
ウ	羽	33
ウ	雨	33
うい	憂	273
うい	初	143
うえ	上	152
うえる	飢	65
うえる	植	154
うお	魚	74
うかがう	伺	122
うかぶ	浮	244
うかべる	浮	244
うかる	受	135
うかれる	浮	244
うく	浮	244
うけたまわる	承	147
うける	受	135

読み方	漢字	ページ
エキ	疫	35
エキ	益	35
エキ	液	36
エキ	駅	36
えさ	餌	128
えだ	枝	123
エツ	悦	36
エツ	越	36
エツ	謁	36
エツ	閲	36
えむ	笑	148
えらい	偉	29
えらぶ	選	174
えり	襟	81
える	得	219
える	獲	53
エン	円	36
エン	延	36
エン	沿	37
エン	炎	37

読み方	漢字	ページ
エン	怨	37
エン	宴	37
エン	媛	37
エン	援	37
エン	園	37
エン	塩	38
エン	遠	38
エン	猿	38
エン	煙	37
エン	鉛	38
エン	演	38
エン	縁	38
エン	艶	38

おオ

読み方	漢字	ページ
オ	汚	38
オ	和	292
オ	悪	26
お	小	145
お	尾	238
お	雄	273

読み方	漢字	ページ
お	緒	144
おいる	老	290
オウ	王	39
オウ	凹	39
オウ	央	39
オウ	応	39
オウ	往	39
オウ	押	39
オウ	旺	39
オウ	欧	39
オウ	殴	40
オウ	皇	103
オウ	桜	40
オウ	翁	40
オウ	黄	104
オウ	奥	40
オウ	横	40
おう	生	164
おう	追	204
おう	負	244

読み方	漢字	ページ
おうぎ	扇	173
おえる	終	137
おお	大	189
おおい	多	186
おおいに	大	189
おおう	覆	247
おおきい	大	189
おおせ	仰	78
おおやけ	公	99
おか	丘	71
おか	岡	40
おかす	犯	233
おかす	侵	156
おかす	冒	258
おがむ	拝	227
おき	沖	198
おぎなう	補	253
おきる	起	65
オク	屋	40
オク	億	40

読み方	漢字	ページ
オク	憶	41
オク	臆	41
おく	置	196
おく	奥	40
おくらす	遅	196
おくる	送	179
おくる	贈	183
おくれる	後	98
おくれる	遅	196
おこす	起	65
おこす	興	106
おごそか	厳	95
おこたる	怠	188
おこなう	行	101
おこる	起	65
おこる	怒	213
おこる	興	106
おさえる	押	39
おさえる	抑	277
おさない	幼	274

読み方	漢字	ページ
おさまる	収	136
おさまる	治	127
おさまる	修	137
おさまる	納	225
おさめる	収	136
おさめる	治	127
おさめる	修	137
おさめる	納	225
おしい	惜	169
おしえる	教	77
おしむ	惜	169
おす	押	39
おす	推	161
おす	雄	273
おそい	遅	196
おそう	襲	139
おそれ	虞	41
おそれる	畏	28
おそれる	恐	76
おそろしい	恐	76
おそわる	教	77
おだやか	穏	42
おちいる	陥	58
おちる	落	279
オツ	乙	41
おっと	夫	243
おと	音	41
おとうと	弟	205
おどかす	脅	77
おとこ	男	194
おとしいれる	陥	58
おとす	落	279
おどす	脅	77
おとずれる	訪	256
おどり	踊	276
おとる	劣	288
おどる	踊	276
おどる	躍	271
おとろえる	衰	161
おどろかす	驚	78
おどろく	驚	78
おなじ	同	217
おに	鬼	65
おのおの	各	52
おのれ	己	95
おび	帯	188
おびやかす	脅	77
おびる	帯	188
おぼえる	覚	53
おぼれる	溺	209
おも	主	133
おも	面	267
おもい	重	139
おもう	思	124
おもて	表	240
おもて	面	267
おもむき	趣	135
おもむく	赴	244
おや	親	159
およぐ	泳	34
および	及	71
およぶ	及	71
およぼす	及	71
おり	折	170
おりる	下	42
おりる	降	104
おる	折	170
おる	織	155
おれ	俺	41
おれる	折	170
おろか	愚	82
おろし	卸	41
おろす	下	42
おろす	降	104
おろす	卸	41
おわる	終	137
オン	怨	37
オン	音	41
オン	恩	41
オン	温	42
オン	遠	38
オン	穏	42
おん	御	74
おんな	女	144

か カ

読み方	漢字	ページ
カ	下	42
カ	化	42
カ	火	42
カ	加	42
カ	可	42
カ	仮	42
カ	何	43
カ	花	43
カ	佳	43
カ	価	43
カ	苛	43
カ	果	43
カ	河	43
カ	架	44
カ	科	43

読み方	漢字	ページ
カ	夏	44
カ	家	44
カ	荷	44
カ	華	44
カ	菓	44
カ	貨	44
カ	過	45
カ	渦	44
カ	嫁	45
カ	暇	45
カ	禍	45
カ	靴	45
カ	寡	45
カ	歌	45
カ	箇	45
カ	稼	46
カ	課	46
か	日	223
か	香	103
か	蚊	46

読み方	漢字	ページ
か	鹿	129
ガ	牙	46
ガ	瓦	46
ガ	我	46
ガ	芽	46
ガ	画	46
ガ	賀	47
ガ	雅	47
ガ	餓	47
カイ	介	47
カイ	会	47
カイ	回	47
カイ	灰	47
カイ	快	47
カイ	戒	48
カイ	改	48
カイ	怪	48
カイ	拐	48
カイ	悔	48
カイ	海	48

読み方	漢字	ページ
カイ	界	48
カイ	皆	48
カイ	械	49
カイ	階	49
カイ	絵	49
カイ	街	51
カイ	開	49
カイ	塊	49
カイ	楷	49
カイ	解	49
カイ	潰	49
カイ	壊	50
カイ	懐	50
カイ	諧	50
かい	貝	50
ガイ	外	50
ガイ	劾	50
ガイ	害	50
ガイ	崖	50
ガイ	涯	51

読み方	漢字	ページ
ガイ	街	51
ガイ	蓋	51
ガイ	慨	51
ガイ	該	51
ガイ	概	51
ガイ	骸	51
かいこ	蚕	119
かう	交	100
かう	買	229
かう	飼	125
かえす	返	252
かえす	帰	65
かえりみる	省	165
かえりみる	顧	97
かえる	代	190
かえる	変	252
かえる	換	59
かえる	替	189
かえる	返	252
かえる	帰	65

読み方	漢字	ページ
かお	顔	63
かおり	香	103
かおる	香	103
かおる	薫	84
かかえる	抱	255
かかげる	掲	86
かがみ	鏡	77
かがやく	輝	67
かかり	係	85
かかり	掛	54
かかる	架	44
かかる	掛	54
かかる	懸	93
かかる	係	85
かかわる	関	60
かき	垣	51
かき	柿	52
かぎ	鍵	93
かぎる	限	94
カク	各	52

読み方	漢字	ページ
かね	鐘	151
かねる	兼	91
かの	彼	236
かぶ	株	56
かべ	壁	251
かま	釜	56
かま	窯	276
かま	鎌	56
かまう	構	106
かまえる	構	106
かみ	上	152
かみ	神	157
かみ	紙	124
かみ	髪	232
かみなり	雷	278
かめ	亀	66
かもす	醸	154
かよう	通	204
から	空	82
から	唐	214

読み方	漢字	ページ
から	殻	52
がら	柄	250
からい	辛	156
からす	枯	96
からだ	体	187
からまる	絡	279
からむ	絡	279
からめる	絡	279
かり	狩	134
かり	仮	42
かりる	借	132
かる	刈	56
かる	狩	134
かる	駆	81
かるい	軽	86
かれ	彼	236
かれる	枯	96
かろやか	軽	86
かわ	川	171
かわ	皮	236

読み方	漢字	ページ
かわ	河	43
かわ	革	52
がわ	側	184
かわかす	乾	58
かわく	乾	58
かわく	渇	55
かわす	交	100
かわら	瓦	46
かわる	代	190
かわる	変	252
かわる	換	59
かわる	替	189
カン	干	56
カン	刊	56
カン	甘	57
カン	甲	100
カン	汗	57
カン	缶	57
カン	完	57
カン	肝	57

読み方	漢字	ページ
カン	官	57
カン	冠	57
カン	巻	57
カン	看	58
カン	陥	58
カン	乾	58
カン	勘	58
カン	患	58
カン	貫	58
カン	喚	58
カン	堪	59
カン	寒	58
カン	換	59
カン	敢	59
カン	棺	59
カン	款	59
カン	閑	59
カン	間	59
カン	勧	59
カン	寛	60

読み方	漢字	ページ
カン	幹	60
カン	感	60
カン	漢	60
カン	慣	60
カン	管	60
カン	関	60
カン	歓	61
カン	監	61
カン	緩	61
カン	還	61
カン	憾	61
カン	館	61
カン	環	61
カン	簡	61
カン	観	61
カン	韓	62
カン	艦	62
カン	鑑	62
かん	神	157
ガン	丸	62

読み方	漢字	ページ
ガン	元	94
ガン	含	62
ガン	岩	62
ガン	岸	62
ガン	玩	62
ガン	眼	63
ガン	頑	63
ガン	顔	63
ガン	願	63
かんがえる	考	101
かんがみる	鑑	62
かんばしい	芳	254
かんむり	冠	57

き キ

読み方	漢字	ページ
キ	己	95
キ	企	63
キ	伎	63
キ	危	63
キ	机	63
キ	気	64
キ	岐	64
キ	希	64
キ	忌	64
キ	汽	64
キ	奇	64
キ	季	64
キ	祈	65
キ	紀	65
キ	軌	65
キ	帰	65
キ	既	65
キ	記	65
キ	起	65
キ	飢	65
キ	鬼	65
キ	基	66
キ	寄	66
キ	規	66
キ	亀	66
キ	喜	66
キ	幾	66
キ	揮	66
キ	期	67
キ	棋	67
キ	貴	67
キ	棄	67
キ	毀	67
キ	旗	67
キ	器	67
キ	畿	67
キ	輝	67
キ	機	68
キ	騎	68
き	木	260
き	生	164
き	黄	104
ギ	技	68
ギ	宜	68
ギ	偽	68
ギ	欺	68
ギ	義	68
ギ	疑	69
ギ	儀	69
ギ	戯	69
ギ	擬	69
ギ	犠	69
ギ	議	69
きえる	消	147
キク	菊	69
きく	利	280
きく	効	102
きく	聞	249
きく	聴	202
きこえる	聞	249
きざし	兆	200
きざす	兆	200
きざむ	刻	108
きし	岸	62
きず	傷	150
きずく	築	197
きせる	着	197
きそう	競	78
きた	北	260
きたえる	鍛	194
きたす	来	278
きたない	汚	38
きたる	来	278
キチ	吉	69
キツ	吉	69
キツ	喫	69
キツ	詰	70
きぬ	絹	92
きば	牙	46
きびしい	厳	95
きまる	決	89
きみ	君	83
きめる	決	89
きも	肝	57
キャ	脚	70
キャク	却	70

読み方	漢字	ページ
キャク	客	70
キャク	脚	70
ギャク	逆	70
ギャク	虐	70
キュウ	九	70
キュウ	久	70
キュウ	及	71
キュウ	弓	71
キュウ	丘	71
キュウ	旧	71
キュウ	休	71
キュウ	吸	71
キュウ	朽	71
キュウ	臼	71
キュウ	求	72
キュウ	究	72
キュウ	泣	72
キュウ	急	72
キュウ	級	72
キュウ	糾	72

読み方	漢字	ページ
キュウ	宮	72
キュウ	救	72
キュウ	球	73
キュウ	嗅	73
キュウ	給	73
キュウ	窮	73
ギュウ	牛	73
キョ	去	73
キョ	巨	73
キョ	居	73
キョ	拒	74
キョ	拠	74
キョ	挙	74
キョ	虚	74
キョ	許	74
キョ	距	74
ギョ	魚	74
ギョ	御	74
ギョ	漁	75
きよい	清	166

読み方	漢字	ページ
キョウ	凶	75
キョウ	兄	84
キョウ	共	75
キョウ	叫	75
キョウ	狂	75
キョウ	京	75
キョウ	享	75
キョウ	供	75
キョウ	協	76
キョウ	況	76
キョウ	峡	76
キョウ	挟	76
キョウ	狭	76
キョウ	香	103
キョウ	恭	76
キョウ	恐	76
キョウ	脅	77
キョウ	胸	76
キョウ	強	77
キョウ	郷	77

読み方	漢字	ページ
キョウ	教	77
キョウ	経	86
キョウ	境	77
キョウ	橋	77
キョウ	興	106
キョウ	矯	77
キョウ	鏡	77
キョウ	競	78
キョウ	響	78
キョウ	驚	78
ギョウ	仰	78
ギョウ	行	101
ギョウ	形	84
ギョウ	暁	78
ギョウ	業	78
ギョウ	凝	78
キョク	曲	78
キョク	局	79
キョク	極	79
ギョク	玉	79

読み方	漢字	ページ
きよまる	清	166
きよめる	清	166
きらう	嫌	92
きり	霧	266
きる	切	170
きる	斬	120
きる	着	197
きれる	切	170
きわ	際	115
きわまる	極	79
きわまる	窮	73
きわみ	極	79
きわめる	究	72
きわめる	極	79
きわめる	窮	73
キン	巾	79
キン	今	109
キン	斤	79
キン	均	79
キン	近	79

読み方	漢字	ページ
くわだてる	企	63
くわわる	加	42
クン	君	83
クン	訓	83
クン	勲	83
クン	薫	84
グン	軍	84
グン	郡	84
グン	群	84
け ケ		
ケ	化	42
ケ	仮	42
ケ	気	64
ケ	家	44
ケ	華	44
ケ	懸	93
け	毛	268
ゲ	下	42
ゲ	外	50
ゲ	牙	46

読み方	漢字	ページ
ゲ	夏	44
ゲ	解	49
ケイ	兄	84
ケイ	刑	84
ケイ	形	84
ケイ	系	84
ケイ	京	75
ケイ	径	85
ケイ	茎	85
ケイ	係	85
ケイ	型	85
ケイ	契	85
ケイ	計	85
ケイ	恵	85
ケイ	啓	85
ケイ	掲	86
ケイ	渓	86
ケイ	経	86
ケイ	蛍	86
ケイ	敬	86

読み方	漢字	ページ
ケイ	景	86
ケイ	軽	86
ケイ	傾	86
ケイ	携	87
ケイ	継	87
ケイ	詣	87
ケイ	境	77
ケイ	慶	87
ケイ	憬	87
ケイ	稽	87
ケイ	憩	87
ケイ	警	87
ケイ	鶏	88
ケイ	競	78
ゲイ	芸	88
ゲイ	迎	88
ゲイ	鯨	88
けがす	汚	38
けがらわしい	汚	38
けがれる	汚	38

読み方	漢字	ページ
ゲキ	隙	88
ゲキ	劇	88
ゲキ	撃	88
ゲキ	激	88
けす	消	147
けずる	削	116
けた	桁	89
ケツ	欠	89
ケツ	穴	89
ケツ	血	89
ケツ	決	89
ケツ	結	89
ケツ	傑	89
ケツ	潔	89
ゲツ	月	90
けむい	煙	37
けむり	煙	37
けむる	煙	37
けもの	獣	140
ける	蹴	139

読み方	漢字	ページ
けわしい	険	91
ケン	犬	90
ケン	件	90
ケン	見	90
ケン	券	90
ケン	肩	90
ケン	建	90
ケン	県	91
ケン	研	90
ケン	倹	91
ケン	兼	91
ケン	剣	91
ケン	拳	91
ケン	軒	91
ケン	健	91
ケン	険	91
ケン	圏	92
ケン	堅	92
ケン	検	92
ケン	間	59

ケン — コウ

読み方	漢字	ページ
ケン	嫌	92
ケン	遣	92
ケン	献	92
ケン	絹	92
ケン	権	92
ケン	憲	93
ケン	賢	93
ケン	謙	93
ケン	鍵	93
ケン	繭	93
ケン	顕	93
ケン	験	93
ケン	懸	93
ゲン	元	94
ゲン	幻	94
ゲン	玄	94
ゲン	言	94
ゲン	弦	94
ゲン	限	94
ゲン	原	94
ゲン	現	94
ゲン	眼	63
ゲン	舷	95
ゲン	減	95
ゲン	嫌	92
ゲン	源	95
ゲン	厳	95
ゲン	験	93

こ コ

読み方	漢字	ページ
コ	己	95
コ	戸	95
コ	去	73
コ	古	95
コ	呼	95
コ	固	96
コ	拠	74
コ	股	96
コ	虎	96
コ	孤	96
コ	弧	96
コ	故	96
コ	枯	96
コ	個	96
コ	庫	97
コ	虚	74
コ	湖	97
コ	雇	97
コ	誇	97
コ	鼓	97
コ	錮	97
コ	顧	97
こ	子	120
こ	小	145
こ	木	260
こ	粉	248
こ	黄	104
ゴ	五	97
ゴ	互	98
ゴ	午	98
ゴ	呉	98
ゴ	後	98
ゴ	娯	98
ゴ	悟	98
ゴ	御	74
ゴ	期	66
ゴ	碁	98
ゴ	語	98
ゴ	誤	99
ゴ	護	99
こい	濃	226
こい	恋	289
こいしい	恋	289
コウ	口	99
コウ	工	99
コウ	公	99
コウ	勾	99
コウ	孔	99
コウ	功	99
コウ	巧	100
コウ	広	100
コウ	甲	100
コウ	交	100
コウ	仰	78
コウ	光	100
コウ	后	100
コウ	向	100
コウ	好	100
コウ	考	101
コウ	江	101
コウ	行	101
コウ	坑	101
コウ	孝	101
コウ	抗	101
コウ	攻	101
コウ	更	101
コウ	効	102
コウ	幸	102
コウ	拘	102
コウ	肯	102
コウ	侯	102

読み方	漢字	ページ
コウ	厚	102
コウ	後	98
コウ	荒	103
コウ	郊	103
コウ	恒	102
コウ	洪	102
コウ	皇	103
コウ	紅	103
コウ	香	103
コウ	候	103
コウ	降	104
コウ	格	52
コウ	校	103
コウ	耕	103
コウ	耗	268
コウ	航	104
コウ	貢	104
コウ	高	104
コウ	康	104
コウ	控	104

読み方	漢字	ページ
コウ	梗	104
コウ	黄	104
コウ	喉	105
コウ	慌	105
コウ	港	105
コウ	硬	105
コウ	絞	105
コウ	項	105
コウ	溝	105
コウ	鉱	105
コウ	構	106
コウ	綱	106
コウ	酵	106
コウ	稿	106
コウ	興	106
コウ	衡	106
コウ	鋼	106
コウ	講	106
コウ	購	107
こう	乞	107

読み方	漢字	ページ
こう	恋	289
こう	請	167
こう	神	157
ゴウ	号	107
ゴウ	合	107
ゴウ	拷	107
ゴウ	剛	107
ゴウ	強	77
ゴウ	郷	77
ゴウ	傲	107
ゴウ	業	78
ゴウ	豪	107
こうむる	被	237
こえ	声	164
こえ	肥	237
こえる	肥	237
こえる	越	36
こえる	超	201
こおり	氷	240
こおる	凍	214

読み方	漢字	ページ
こがす	焦	149
こがれる	焦	149
コク	石	168
コク	克	108
コク	告	108
コク	谷	108
コク	刻	108
コク	国	108
コク	黒	108
コク	穀	108
コク	酷	108
ゴク	極	79
ゴク	獄	109
こげる	焦	149
こごえる	凍	214
ここの	九	70
ここのつ	九	70
こころ	心	156
こころざし	志	122
こころざす	志	122

読み方	漢字	ページ
こころみる	試	125
こころよい	快	47
こし	腰	276
こす	越	36
こす	超	201
こたえ	答	216
こたえる	応	39
こたえる	答	216
コツ	骨	109
コツ	滑	55
こと	言	94
こと	事	127
こと	殊	134
こと	異	29
こと	琴	80
ことぶき	寿	135
ことわる	断	194
こな	粉	248
このむ	好	100
こばむ	拒	74

読み方	漢字	ページ
さか	酒	134
さかい	境	77
さかえる	栄	34
さがす	捜	179
さがす	探	193
さかずき	杯	227
さかな	魚	74
さかのぼる	遡	177
さからう	逆	70
さかる	盛	166
さがる	下	42
さかん	盛	166
さき	先	172
さき	崎	116
サク	冊	117
サク	作	116
サク	削	116
サク	昨	116
サク	柵	116
サク	索	116

読み方	漢字	ページ
サク	策	116
サク	酢	117
サク	搾	117
サク	錯	117
さく	咲	117
さく	割	55
さく	裂	288
さくら	桜	40
さぐる	探	193
さけ	酒	134
さげすむ	蔑	251
さけぶ	叫	75
さける	裂	288
さける	避	238
さげる	下	42
さげる	提	207
ささえる	支	121
ささる	刺	123
さす	刺	123
さす	指	124

読み方	漢字	ページ
さす	差	111
さす	挿	179
さずかる	授	135
さずける	授	135
さそう	誘	273
さだか	定	206
さだまる	定	206
さだめる	定	206
さち	幸	102
サッ	早	178
サツ	冊	117
サツ	札	117
サツ	刷	117
サツ	刹	117
サツ	拶	118
サツ	殺	118
サツ	察	118
サツ	撮	118
サツ	擦	118
ザツ	雑	118

読み方	漢字	ページ
さと	里	280
さとす	諭	271
さとる	悟	98
さばく	裁	114
さび	寂	133
さびしい	寂	133
さびれる	寂	133
さま	様	276
さます	冷	287
さます	覚	53
さまたげる	妨	257
さむい	寒	58
さむらい	侍	127
さめる	冷	287
さめる	覚	53
さら	皿	118
さら	更	101
さる	去	73
さる	猿	38
さわ	沢	190

読み方	漢字	ページ
さわぐ	騒	182
さわやか	爽	180
さわる	触	155
さわる	障	151
サン	三	118
サン	山	119
サン	参	119
サン	桟	119
サン	蚕	119
サン	惨	119
サン	産	119
サン	傘	119
サン	散	119
サン	算	120
サン	酸	120
サン	賛	120
ザン	残	120
ザン	惨	119
ザン	斬	120
ザン	暫	120

し

読み方	漢字	ページ
した	舌	171
したう	慕	254
したがう	従	140
したがえる	従	140
したしい	親	159
したしむ	親	159
したたる	滴	208
シチ	七	129
シチ	質	130
シツ	叱	129
シツ	失	129
シツ	室	129
シツ	疾	130
シツ	執	130
シツ	湿	130
シツ	嫉	130
シツ	漆	130
シツ	質	130
ジッ	十	139
ジツ	日	223
ジツ	実	130
しな	品	242
しぬ	死	122
しのばせる	忍	224
しのぶ	忍	224
しば	芝	130
しばる	縛	231
しぶ	渋	140
しぶい	渋	140
しぶる	渋	140
しぼる	絞	105
しぼる	搾	117
しま	島	214
しまる	閉	250
しまる	絞	105
しまる	締	208
しみ	染	172
しみる	染	172
しめす	示	126
しめす	湿	130
しめる	占	172
しめる	閉	250
しめる	絞	105
しめる	締	208
しめる	湿	130
しも	下	42
しも	霜	182
シャ	写	131
シャ	社	131
シャ	車	131
シャ	舎	131
シャ	者	131
シャ	砂	111
シャ	射	131
シャ	捨	131
シャ	斜	132
シャ	赦	131
シャ	煮	132
シャ	遮	132
シャ	謝	132
ジャ	邪	132
ジャ	蛇	132
シャク	尺	132
シャク	石	168
シャク	赤	168
シャク	昔	168
シャク	借	132
シャク	酌	133
シャク	釈	133
シャク	爵	133
ジャク	若	133
ジャク	弱	133
ジャク	寂	133
ジャク	着	197
シュ	手	133
シュ	主	133
シュ	守	134
シュ	朱	134
シュ	取	134
シュ	狩	134
シュ	首	134
シュ	修	137
シュ	殊	134
シュ	珠	134
シュ	酒	134
シュ	衆	138
シュ	腫	135
シュ	種	135
シュ	趣	135
ジュ	寿	135
ジュ	受	135
ジュ	呪	135
ジュ	従	140
ジュ	授	135
ジュ	就	138
ジュ	需	135
ジュ	儒	136
ジュ	樹	136
シュウ	収	136
シュウ	囚	136

シュウ—ショウ

読み方	漢字	ページ
ショウ	青	165
ショウ	政	165
ショウ	昭	147
ショウ	星	165
ショウ	省	165
ショウ	相	178
ショウ	宵	147
ショウ	将	147
ショウ	従	140
ショウ	消	147
ショウ	症	148
ショウ	祥	148
ショウ	称	148
ショウ	笑	148
ショウ	唱	148
ショウ	商	148
ショウ	渉	148
ショウ	清	166
ショウ	章	148
ショウ	紹	149

読み方	漢字	ページ
ショウ	訟	149
ショウ	勝	149
ショウ	掌	149
ショウ	晶	149
ショウ	焼	149
ショウ	焦	149
ショウ	硝	149
ショウ	粧	150
ショウ	装	181
ショウ	詔	150
ショウ	証	150
ショウ	象	150
ショウ	傷	150
ショウ	奨	150
ショウ	照	150
ショウ	詳	150
ショウ	彰	151
ショウ	障	151
ショウ	精	167
ショウ	憧	151

読み方	漢字	ページ
ショウ	衝	151
ショウ	賞	151
ショウ	償	151
ショウ	礁	151
ショウ	鐘	151
ジョウ	上	152
ジョウ	丈	152
ジョウ	冗	152
ジョウ	成	164
ジョウ	条	152
ジョウ	状	152
ジョウ	定	206
ジョウ	乗	152
ジョウ	城	152
ジョウ	浄	152
ジョウ	剰	153
ジョウ	常	153
ジョウ	情	153
ジョウ	盛	166
ジョウ	場	153

読み方	漢字	ページ
ジョウ	畳	153
ジョウ	蒸	153
ジョウ	静	167
ジョウ	縄	153
ジョウ	壌	153
ジョウ	嬢	154
ジョウ	錠	154
ジョウ	譲	154
ジョウ	醸	154
ショク	色	154
ショク	拭	154
ショク	食	154
ショク	植	154
ショク	殖	155
ショク	触	155
ショク	飾	155
ショク	嘱	155
ショク	織	155
ショク	職	155
ジョク	辱	155

読み方	漢字	ページ
しら	白	229
しらべる	調	202
しり	尻	155
しりぞく	退	188
しりぞける	退	188
しる	知	195
しる	汁	139
しるし	印	31
しるす	記	65
しろ	代	190
しろ	白	229
しろ	城	152
しろい	白	229
シン	心	156
シン	申	156
シン	伸	156
シン	芯	156
シン	臣	156
シン	身	156
シン	辛	156

読み方	漢字	ページ
シン	信	157
シン	侵	156
シン	津	157
シン	神	157
シン	唇	157
シン	娠	157
シン	振	157
シン	浸	157
シン	真	157
シン	針	158
シン	進	158
シン	深	158
シン	紳	158
シン	森	158
シン	診	158
シン	寝	158
シン	慎	158
シン	新	159
シン	審	159
シン	請	167
シン	震	159
シン	薪	159
シン	親	159
ジン	人	159
ジン	刃	159
ジン	仁	159
ジン	尽	160
ジン	迅	160
ジン	臣	156
ジン	甚	160
ジン	神	157
ジン	陣	160
ジン	尋	160
ジン	腎	160

すス

読み方	漢字	ページ
ス	子	120
ス	主	133
ス	守	134
ス	素	176
ス	須	160
ス	数	163
す	州	136
す	巣	179
す	酢	117
ズ	図	160
ズ	豆	213
ズ	事	127
ズ	頭	217
スイ	水	161
スイ	出	141
スイ	吹	161
スイ	垂	161
スイ	炊	161
スイ	帥	161
スイ	粋	161
スイ	衰	161
スイ	推	161
スイ	酔	162
スイ	遂	162
スイ	睡	162
スイ	穂	162
すい	酸	120
ズイ	随	162
ズイ	髄	162
スウ	枢	162
スウ	崇	162
スウ	数	163
すう	吸	71
すえ	末	263
すえる	据	163
すかす	透	215
すがた	姿	123
すき	隙	88
すぎ	杉	163
すぎる	過	45
すく	好	100
すく	透	215
すくう	救	72
すくない	少	146
すぐれる	優	274
すけ	助	145
すける	透	215
すこし	少	146
すごす	過	45
すこやか	健	91
すじ	筋	80
すず	鈴	287
すずしい	涼	283
すすむ	進	158
すずむ	涼	283
すすめる	進	158
すすめる	勧	59
すすめる	薦	175
すそ	裾	163
すたる	廃	228
すたれる	廃	228
すでに	既	65
すてる	捨	131
すな	砂	111
すべて	全	175

読み方	漢字	ページ
すべる	統	216
すべる	滑	55
すまう	住	139
すます	済	113
すます	澄	202
すみ	炭	193
すみ	隅	82
すみ	墨	261
すみやか	速	184
すむ	住	139
すむ	済	113
すむ	澄	202
する	刷	117
する	擦	118
するどい	鋭	35
すれる	擦	118
すわる	据	163
すわる	座	112
スン	寸	163

せ

読み方	漢字	ページ
セ	世	164
セ	施	124
せ	背	227
せ	瀬	163
ゼ	是	163
セイ	井	163
セイ	世	164
セイ	正	164
セイ	生	164
セイ	成	164
セイ	西	164
セイ	声	164
セイ	制	164
セイ	姓	164
セイ	征	165
セイ	性	165
セイ	青	165
セイ	斉	165
セイ	政	165
セイ	星	165

読み方	漢字	ページ
セイ	牲	165
セイ	省	165
セイ	凄	166
セイ	逝	166
セイ	情	153
セイ	清	166
セイ	盛	166
セイ	婿	166
セイ	晴	166
セイ	勢	166
セイ	歳	115
セイ	聖	166
セイ	誠	167
セイ	精	167
セイ	製	167
セイ	誓	167
セイ	静	167
セイ	請	167
セイ	整	167
セイ	醒	167

読み方	漢字	ページ
せい	背	227
ゼイ	税	168
ゼイ	説	171
セキ	夕	168
セキ	斥	168
セキ	石	168
セキ	赤	168
セキ	昔	168
セキ	析	168
セキ	席	168
セキ	脊	169
セキ	隻	169
セキ	寂	133
セキ	惜	169
セキ	戚	169
セキ	責	169
セキ	跡	169
セキ	積	169
セキ	績	169
セキ	籍	170

読み方	漢字	ページ
せき	関	60
セチ	節	171
セツ	切	170
セツ	折	170
セツ	刹	117
セツ	拙	170
セツ	窃	170
セツ	殺	118
セツ	接	170
セツ	設	170
セツ	雪	170
セツ	摂	171
セツ	節	171
セツ	説	171
ゼツ	舌	171
ゼツ	絶	171
ぜに	銭	174
せばまる	狭	76
せばめる	狭	76
せまい	狭	76

読み方	漢字	ページ
ゾウ	象	150
ゾウ	像	182
ゾウ	増	182
ゾウ	憎	183
ゾウ	雑	118
ゾウ	蔵	183
ゾウ	贈	183
ゾウ	臓	183
そうろう	候	103
そえる	添	210
ソク	即	183
ソク	束	183
ソク	足	183
ソク	促	183
ソク	則	184
ソク	速	184
ソク	息	184
ソク	捉	184
ソク	側	184
ソク	測	184
ソク	塞	114
ゾク	俗	184
ゾク	族	184
ゾク	属	185
ゾク	続	185
ゾク	賊	185
そこ	底	206
そこなう	損	186
そこねる	損	186
そそぐ	注	198
そそのかす	唆	111
そだつ	育	30
そだてる	育	30
ソツ	卒	185
ソツ	率	185
そで	袖	137
そと	外	50
そなえる	供	75
そなえる	備	239
そなわる	備	239
その	園	37
そまる	染	172
そむく	背	227
そむける	背	227
そめる	初	143
そめる	染	172
そら	空	82
そらす	反	232
そる	反	232
ソン	存	185
ソン	村	185
ソン	孫	185
ソン	尊	186
ソン	遜	186
ソン	損	186
ゾン	存	185

た タ

読み方	漢字	ページ
タ	太	187
タ	他	186
タ	多	186
タ	汰	186
た	手	133
た	田	210
ダ	打	186
ダ	妥	186
ダ	唾	187
ダ	蛇	132
ダ	堕	187
ダ	惰	187
ダ	駄	187
タイ	大	189
タイ	太	187
タイ	代	190
タイ	台	190
タイ	体	187
タイ	対	187
タイ	待	188
タイ	退	188
タイ	怠	188
タイ	耐	187
タイ	胎	188
タイ	帯	188
タイ	泰	188
タイ	堆	188
タイ	逮	189
タイ	袋	188
タイ	隊	189
タイ	替	189
タイ	貸	189
タイ	滞	189
タイ	態	189
タイ	戴	189
ダイ	大	189
ダイ	内	222
ダイ	代	190
ダイ	台	190
ダイ	弟	205
ダイ	第	190
ダイ	題	190
たいら	平	249

読み方	漢字	ページ
たれる	垂	161
たわむれる	戯	69
たわら	俵	240
タン	丹	192
タン	反	232
タン	旦	192
タン	担	192
タン	単	192
タン	炭	193
タン	胆	193
タン	探	193
タン	淡	193
タン	短	193
タン	嘆	193
タン	端	193
タン	綻	193
タン	誕	194
タン	壇	195
タン	鍛	194
ダン	旦	192

読み方	漢字	ページ
ダン	団	194
ダン	男	194
ダン	段	194
ダン	断	194
ダン	弾	194
ダン	暖	194
ダン	談	195
ダン	壇	195

ち チ

読み方	漢字	ページ
チ	地	195
チ	池	195
チ	治	127
チ	知	195
チ	値	195
チ	恥	195
チ	致	195
チ	遅	196
チ	痴	196
チ	稚	196
チ	置	196

読み方	漢字	ページ
チ	質	130
チ	緻	196
ち	千	171
ち	血	89
ち	乳	224
ちいさい	小	145
ちかい	近	79
ちかう	誓	167
ちがう	違	30
ちがえる	違	30
ちから	力	285
ちぎる	契	85
チク	竹	196
チク	逐	196
チク	畜	196
チク	蓄	197
チク	築	197
ちち	父	243
ちち	乳	224
ちぢまる	縮	141

読み方	漢字	ページ
ちぢむ	縮	141
ちぢめる	縮	141
ちぢらす	縮	141
ちぢれる	縮	141
チツ	秩	197
チツ	窒	197
チャ	茶	197
チャク	着	197
チャク	嫡	197
チュウ	中	197
チュウ	仲	198
チュウ	虫	198
チュウ	沖	198
チュウ	宙	198
チュウ	忠	198
チュウ	抽	198
チュウ	注	198
チュウ	昼	198
チュウ	柱	199
チュウ	衷	199

読み方	漢字	ページ
チュウ	酎	199
チュウ	鋳	199
チュウ	駐	199
チョ	著	199
チョ	貯	199
チョ	緒	144
チョウ	丁	199
チョウ	弔	200
チョウ	庁	200
チョウ	兆	200
チョウ	町	200
チョウ	長	200
チョウ	挑	200
チョウ	重	139
チョウ	帳	200
チョウ	張	200
チョウ	彫	201
チョウ	眺	201
チョウ	釣	201
チョウ	頂	201

読み方	漢字	ページ
チョウ	鳥	201
チョウ	朝	201
チョウ	貼	201
チョウ	超	201
チョウ	腸	202
チョウ	跳	202
チョウ	徴	202
チョウ	嘲	202
チョウ	潮	202
チョウ	澄	202
チョウ	調	202
チョウ	聴	202
チョウ	懲	203
チョク	直	203
チョク	勅	203
チョク	捗	203
ちらかす	散	119
ちらかる	散	119
ちらす	散	119
ちる	散	119

読み方	漢字	ページ
チン	沈	203
チン	珍	203
チン	朕	203
チン	陳	203
チン	賃	204
チン	鎮	204

つ ツ

読み方	漢字	ページ
ツ	通	204
ツ	都	212
つ	津	157
ツイ	対	187
ツイ	追	204
ツイ	椎	204
ツイ	墜	204
ついえる	費	238
ついやす	費	238
ツウ	通	204
ツウ	痛	204
つか	塚	204
つかう	使	123

読み方	漢字	ページ
つかう	遣	92
つかえる	仕	121
つかす	尽	160
つかまえる	捕	253
つかまる	捕	253
つかる	漬	205
つかれる	疲	237
つかわす	遣	92
つき	月	90
つぎ	次	127
つきる	尽	160
つく	付	243
つく	突	220
つく	就	138
つく	着	197
つぐ	次	127
つぐ	接	170
つぐ	継	87
つくえ	机	63
つくす	尽	160

読み方	漢字	ページ
つぐなう	償	151
つくる	作	116
つくる	造	182
つくる	創	180
つくろう	繕	176
つける	付	243
つける	就	138
つける	着	197
つける	漬	205
つげる	告	108
つたう	伝	211
つたえる	伝	211
つたない	拙	170
つたわる	伝	211
つち	土	212
つちかう	培	229
つつ	筒	216
つづく	続	185
つづける	続	185
つつしむ	慎	158

読み方	漢字	ページ
つつしむ	謹	81
つつみ	堤	207
つづみ	鼓	97
つつむ	包	254
つどう	集	138
つとまる	務	266
つとまる	勤	80
つとめる	努	212
つとめる	務	266
つとめる	勤	80
つな	綱	106
つね	常	153
つの	角	52
つのる	募	253
つば	唾	187
つばさ	翼	278
つぶ	粒	282
つぶす	潰	49
つぶれる	潰	49
つぼ	坪	205

読み方	漢字	ページ
つま	爪	205
つま	妻	112
つまる	詰	70
つみ	罪	116
つむ	詰	70
つむ	摘	208
つむ	積	169
つむぐ	紡	258
つめ	爪	205
つめたい	冷	287
つめる	詰	70
つもる	積	169
つや	艶	38
つゆ	露	290
つよい	強	77
つよまる	強	77
つよめる	強	77
つら	面	267
つらなる	連	289
つらぬく	貫	58

読み方	漢字	ページ
つらねる	連	289
つる	釣	201
つる	弦	94
つる	鶴	205
つるぎ	剣	91
つれる	連	289
て テ		
て	手	133
デ	弟	205
テイ	丁	199
テイ	体	187
テイ	低	205
テイ	呈	205
テイ	廷	205
テイ	弟	205
テイ	定	206
テイ	底	206
テイ	邸	206
テイ	抵	206
テイ	亭	206

読み方	漢字	ページ
テイ	帝	206
テイ	訂	206
テイ	貞	206
テイ	庭	207
テイ	逓	207
テイ	停	207
テイ	偵	207
テイ	堤	207
テイ	提	207
テイ	程	207
テイ	艇	207
テイ	締	208
テイ	諦	208
デイ	泥	208
テキ	的	208
テキ	笛	208
テキ	適	208
テキ	摘	208
テキ	滴	208
テキ	敵	209

読み方	漢字	ページ
デキ	溺	209
テツ	迭	209
テツ	哲	209
テツ	鉄	209
テツ	徹	209
テツ	撤	209
てら	寺	126
てらす	照	150
てる	照	150
でる	出	141
てれる	照	150
テン	天	209
テン	典	210
テン	店	210
テン	点	210
テン	展	210
テン	添	210
テン	転	210
テン	填	210
テン	殿	211

読み方	漢字	ページ
デン	田	210
デン	伝	211
デン	殿	211
デン	電	211
と ト		
ト	土	212
ト	斗	211
ト	吐	211
ト	図	160
ト	妬	211
ト	度	212
ト	徒	211
ト	途	211
ト	都	212
ト	渡	212
ト	登	216
ト	塗	212
ト	賭	212
ト	頭	217
と	十	139

読み方	漢字	ページ
とどく	届	220
とどける	届	220
とどこおる	滞	189
ととのう	調	202
ととのう	整	167
ととのえる	調	202
ととのえる	整	167
となえる	唱	148
となり	隣	285
となる	隣	285
との	殿	211
どの	殿	211
とばす	飛	237
とびら	扉	238
とぶ	飛	237
とぶ	跳	202
とぼしい	乏	257
とまる	止	121
とまる	泊	230
とまる	留	282
とみ	富	244
とむ	富	244
とむらう	弔	200
とめる	止	121
とめる	泊	230
とめる	留	282
とも	友	272
とも	共	75
とも	供	75
ともなう	伴	233
とら	虎	96
とらえる	捕	253
とらえる	捉	184
とらわれる	捕	253
とり	鳥	201
とる	取	134
とる	捕	253
とる	執	130
とる	採	113
とる	撮	118
どろ	泥	208
トン	屯	221
トン	団	194
トン	豚	221
トン	頓	221
とん	問	269
ドン	貪	221
ドン	鈍	221
ドン	曇	221
どん	丼	221
どんぶり	丼	221
な ナ		
ナ	那	221
ナ	奈	222
ナ	南	222
ナ	納	225
な	名	266
な	菜	114
ナイ	内	222
ない	亡	257
ない	無	266
なえ	苗	241
なえる	萎	29
なおす	治	127
なおす	直	203
なおる	治	127
なおる	直	203
なか	中	197
なか	仲	198
ながい	永	34
ながい	長	200
ながす	流	282
なかば	半	232
ながめる	眺	201
ながれる	流	282
なく	泣	72
なく	鳴	267
なぐさむ	慰	30
なぐさめる	慰	30
なぐる	殴	40
なげかわしい	嘆	193
なげく	嘆	193
なげる	投	213
なごむ	和	292
なごやか	和	292
なさけ	情	153
なし	梨	222
なす	成	164
なぞ	謎	222
ナッ	納	225
なつ	夏	44
なつかしい	懐	50
なつかしむ	懐	50
なつく	懐	50
なつける	懐	50
なな	七	129
ななつ	七	129
ななめ	斜	132
なに	何	43
なの	七	129

読み方	漢字	ページ
なべ	鍋	222
なま	生	164
なまける	怠	188
なまり	鉛	38
なみ	並	249
なみ	波	226
なみだ	涙	286
なめらか	滑	55
なやます	悩	225
なやむ	悩	225
ならう	倣	256
ならう	習	138
ならす	慣	60
ならす	鳴	267
ならびに	並	249
ならぶ	並	249
ならべる	並	249
なる	成	164
なる	鳴	267
なれる	慣	60
なわ	苗	241
なわ	縄	153
ナン	男	194
ナン	南	222
ナン	納	225
ナン	軟	222
ナン	難	222
なん	何	43
に ニ		
ニ	二	223
ニ	仁	159
ニ	尼	223
ニ	弐	223
ニ	児	127
に	荷	44
にい	新	159
にえる	煮	132
におう	匂	223
におう	臭	137
にがい	苦	81
にがす	逃	214
にがる	苦	81
にぎる	握	26
ニク	肉	223
にくい	憎	183
にくしみ	憎	183
にくむ	憎	183
にくらしい	憎	183
にげる	逃	214
にごす	濁	191
にごる	濁	191
にし	西	164
にじ	虹	223
にしき	錦	80
にせ	偽	68
ニチ	日	223
になう	担	192
にぶい	鈍	221
にぶる	鈍	221
ニャク	若	133
にやす	煮	132
ニュウ	入	223
ニュウ	乳	224
ニュウ	柔	139
ニョ	女	144
ニョ	如	145
ニョウ	女	144
ニョウ	尿	224
にる	似	127
にる	煮	132
にわ	庭	207
にわとり	鶏	88
ニン	人	159
ニン	任	224
ニン	妊	224
ニン	忍	224
ニン	認	224
ぬ ヌ		
ぬう	縫	257
ぬかす	抜	232
ぬかる	抜	232
ぬく	抜	232
ぬぐ	脱	192
ぬぐう	拭	154
ぬける	抜	232
ぬげる	脱	192
ぬし	主	133
ぬすむ	盗	215
ぬの	布	243
ぬま	沼	147
ぬる	塗	212
ね ネ		
ね	音	41
ね	値	195
ね	根	110
ネイ	寧	224
ねがう	願	63
ねかす	寝	158
ねこ	猫	241
ねたむ	妬	211

読み方	漢字	ページ
ネツ	熱	224
ねばる	粘	225
ねむい	眠	265
ねむる	眠	265
ねらう	狙	176
ねる	寝	158
ねる	練	289
ネン	年	225
ネン	念	225
ネン	捻	225
ネン	粘	225
ネン	然	175
ネン	燃	225
ねんごろ	懇	111
の	**ノ**	
の	野	270
ノウ	悩	225
ノウ	納	225
ノウ	能	225
ノウ	脳	226
ノウ	農	226
ノウ	濃	226
のがす	逃	214
のがれる	逃	214
のき	軒	91
のこす	残	120
のこる	残	120
のせる	乗	152
のせる	載	115
のぞく	除	145
のぞむ	望	259
のぞむ	臨	286
のち	後	98
のど	喉	105
ののしる	罵	227
のばす	伸	156
のばす	延	36
のびる	伸	156
のびる	延	36
のべる	伸	156
のべる	延	36
のべる	述	141
のぼす	上	152
のぼせる	上	152
のぼる	上	152
のぼる	昇	147
のぼる	登	216
のむ	飲	32
のる	乗	152
のる	載	115
のろう	呪	135
は	**ハ**	
ハ	把	226
ハ	波	226
ハ	派	226
ハ	破	226
ハ	覇	226
は	刃	159
は	羽	33
は	葉	276
は	歯	125
は	端	193
バ	馬	227
バ	婆	227
バ	罵	227
ば	場	153
ハイ	拝	227
ハイ	杯	227
ハイ	肺	227
ハイ	背	227
ハイ	俳	227
ハイ	配	228
ハイ	排	228
ハイ	敗	228
ハイ	廃	228
ハイ	輩	228
はい	灰	47
バイ	売	228
バイ	倍	228
バイ	梅	228
バイ	培	229
バイ	陪	229
バイ	媒	229
バイ	買	229
バイ	賠	229
はいる	入	223
はえ	栄	34
はえる	生	164
はえる	映	34
はえる	栄	34
はか	墓	254
はがす	剥	230
ばかす	化	42
はがね	鋼	106
はからう	計	85
はかる	図	160
はかる	計	85
はかる	測	184
はかる	量	284
はかる	諮	126

読み方	漢字	ページ
はかる	謀	260
はがれる	剥	230
ハク	白	229
ハク	伯	229
ハク	迫	230
ハク	拍	229
ハク	泊	230
ハク	剥	230
ハク	舶	230
ハク	博	230
ハク	薄	230
はく	吐	211
はく	掃	179
はく	履	281
はぐ	剥	230
バク	麦	230
バク	博	230
バク	幕	263
バク	漠	230
バク	暴	259
バク	縛	231
バク	爆	231
はぐくむ	育	30
はげしい	激	88
はげます	励	287
はげむ	励	287
はげる	剥	230
ばける	化	42
はこ	箱	231
はこぶ	運	34
はさまる	挟	76
はさむ	挟	76
はし	端	193
はし	箸	231
はし	橋	77
はじ	恥	195
はじまる	始	123
はじめ	初	143
はじめて	初	143
はじめる	始	123
はしら	柱	199
はじらう	恥	195
はしる	走	178
はじる	恥	195
はずかしい	恥	195
はずかしめる	辱	155
はずす	外	50
はずむ	弾	194
はずれる	外	50
はた	畑	231
はた	旗	67
はた	端	193
はた	機	68
はだ	肌	231
はだか	裸	278
はたけ	畑	231
はたす	果	43
はたらく	働	218
ハチ	八	231
ハチ	鉢	231
はち	蜂	256
バチ	罰	232
ハッ	法	255
ハツ	発	232
ハツ	鉢	231
ハツ	髪	232
はつ	初	143
バツ	末	263
バツ	伐	232
バツ	抜	232
バツ	罰	232
バツ	閥	232
はて	果	43
はてる	果	43
はな	花	43
はな	華	44
はな	鼻	239
はなし	話	292
はなす	放	255
はなす	話	292
はなす	離	281
はなつ	放	255
はなはだ	甚	160
はなはだしい	甚	160
はなれる	放	255
はなれる	離	281
はね	羽	33
はねる	跳	202
はは	母	253
はば	幅	246
はばむ	阻	176
はぶく	省	165
はま	浜	242
はやい	早	178
はやい	速	184
はやし	林	285
はやす	生	164
はやまる	早	178
はやまる	速	184
はやめる	早	178

読み方	漢字	ページ
はやめる	速	184
はら	原	94
はら	腹	247
はらう	払	247
はらす	晴	166
はらす	腫	135
はり	針	158
はる	張	200
はる	貼	201
はる	春	142
はれる	晴	166
はれる	腫	135
ハン	凡	262
ハン	反	232
ハン	半	232
ハン	犯	233
ハン	氾	233
ハン	帆	233
ハン	汎	233
ハン	伴	233
ハン	判	233
ハン	坂	233
ハン	阪	233
ハン	板	234
ハン	版	234
ハン	班	234
ハン	畔	234
ハン	般	234
ハン	販	234
ハン	斑	234
ハン	飯	234
ハン	搬	235
ハン	煩	235
ハン	頒	235
ハン	範	235
ハン	繁	235
ハン	藩	235
バン	万	264
バン	伴	233
バン	判	233
バン	板	234
バン	晩	235
バン	番	235
バン	蛮	236
バン	盤	236
ひ ヒ		
ヒ	比	236
ヒ	皮	236
ヒ	妃	236
ヒ	否	236
ヒ	批	236
ヒ	彼	236
ヒ	披	237
ヒ	泌	240
ヒ	肥	237
ヒ	非	237
ヒ	卑	237
ヒ	飛	237
ヒ	疲	237
ヒ	秘	237
ヒ	被	237
ヒ	悲	238
ヒ	扉	238
ヒ	費	238
ヒ	碑	238
ヒ	罷	238
ヒ	避	238
ひ	日	223
ひ	火	42
ひ	氷	240
ひ	灯	213
ビ	尾	238
ビ	眉	238
ビ	美	239
ビ	備	239
ビ	微	239
ビ	鼻	239
ひいでる	秀	136
ひえる	冷	287
ひかえる	控	104
ひがし	東	213
ひかり	光	100
ひかる	光	100
ひき	匹	239
ひきいる	率	185
ひく	引	31
ひく	弾	194
ひくい	低	205
ひくまる	低	205
ひくめる	低	205
ひける	引	31
ひざ	膝	239
ひさしい	久	70
ひじ	肘	239
ひそむ	潜	174
ひたい	額	54
ひたす	浸	157
ひだり	左	111
ひたる	浸	157
ヒツ	匹	239

読み方	漢字	ページ
ヒツ	必	239
ヒツ	泌	240
ヒツ	筆	240
ひつじ	羊	275
ひと	一	31
ひと	人	159
ひとしい	等	216
ひとつ	一	31
ひとみ	瞳	219
ひとり	独	220
ひびく	響	78
ひま	暇	45
ひめ	姫	240
ひめる	秘	237
ひや	冷	287
ひやかす	冷	287
ヒャク	百	240
ビャク	白	229
ひやす	冷	287
ヒョウ	氷	240
ヒョウ	兵	249
ヒョウ	拍	229
ヒョウ	表	240
ヒョウ	俵	240
ヒョウ	票	240
ヒョウ	評	241
ヒョウ	漂	241
ヒョウ	標	241
ビョウ	平	249
ビョウ	苗	241
ビョウ	秒	241
ビョウ	病	241
ビョウ	描	241
ビョウ	猫	241
ひら	平	249
ひらく	開	49
ひらける	開	49
ひる	干	56
ひる	昼	198
ひるがえす	翻	261
ひるがえる	翻	261
ひろい	広	100
ひろう	拾	137
ひろがる	広	100
ひろげる	広	100
ひろまる	広	100
ひろめる	広	100
ヒン	品	242
ヒン	浜	242
ヒン	貧	242
ヒン	賓	242
ヒン	頻	242
ビン	便	252
ビン	敏	242
ビン	瓶	242
ビン	貧	242
ふ	**フ**	
フ	不	242
フ	夫	243
フ	父	243
フ	付	243
フ	布	243
フ	扶	243
フ	府	243
フ	阜	243
フ	附	244
フ	怖	243
フ	歩	253
フ	訃	244
フ	負	244
フ	赴	244
フ	風	246
フ	浮	244
フ	婦	244
フ	符	244
フ	富	244
フ	普	245
フ	腐	245
フ	敷	245
フ	膚	245
フ	賦	245
フ	譜	245
ブ	不	242
ブ	分	249
ブ	侮	245
ブ	奉	255
ブ	武	245
ブ	歩	253
ブ	部	246
ブ	無	266
ブ	舞	246
フウ	夫	243
フウ	封	246
フウ	風	246
フウ	富	244
ふえ	笛	208
ふえる	殖	155
ふえる	増	182
ふかい	深	158
ふかす	更	101

読み方	漢字	ページ
ふかまる	深	158
ふかめる	深	158
フク	伏	246
フク	服	246
フク	副	246
フク	幅	246
フク	復	247
フク	福	247
フク	腹	247
フク	複	247
フク	覆	247
ふく	吹	161
ふく	拭	154
ふく	噴	248
ふくむ	含	62
ふくめる	含	62
ふくらむ	膨	259
ふくれる	膨	259
ふくろ	袋	188
ふける	老	290

読み方	漢字	ページ
ふける	更	101
ふさ	房	258
ふさがる	塞	114
ふさぐ	塞	114
ふし	節	171
ふじ	藤	217
ふす	伏	246
ふせぐ	防	258
ふせる	伏	246
ふた	二	223
ふた	双	178
ふた	蓋	51
ふだ	札	117
ぶた	豚	221
ふたたび	再	112
ふたつ	二	223
ふち	縁	38
フツ	払	247
フツ	沸	247
ブツ	仏	247

読み方	漢字	ページ
ブツ	物	248
ふで	筆	240
ふとい	太	187
ふところ	懐	50
ふとる	太	187
ふな	舟	136
ふな	船	173
ふね	舟	136
ふね	船	173
ふまえる	踏	217
ふみ	文	249
ふむ	踏	217
ふもと	麓	291
ふやす	殖	155
ふやす	増	182
ふゆ	冬	213
ふる	降	104
ふる	振	157
ふるい	古	95
ふるう	振	157

読み方	漢字	ページ
ふるう	震	159
ふるう	奮	248
ふるえる	震	159
ふるす	古	95
ふれる	振	157
ふれる	触	155
フン	分	249
フン	粉	248
フン	紛	248
フン	雰	248
フン	噴	248
フン	墳	248
フン	憤	248
フン	奮	248
ブン	分	249
ブン	文	249
ブン	聞	249

へ

読み方	漢字	ページ
べ	辺	251
ヘイ	丙	249

読み方	漢字	ページ
ヘイ	平	249
ヘイ	兵	249
ヘイ	並	249
ヘイ	併	249
ヘイ	柄	250
ヘイ	陛	250
ヘイ	病	241
ヘイ	閉	250
ヘイ	塀	250
ヘイ	餅	250
ヘイ	幣	250
ヘイ	弊	250
ヘイ	蔽	250
ベイ	米	251
ヘキ	壁	251
ヘキ	璧	251
ヘキ	癖	251
へだたる	隔	53
へだてる	隔	53
ベツ	別	251

読み方	漢字	ページ
ベツ	蔑	251
べに	紅	103
へび	蛇	132
へらす	減	95
へる	経	86
へる	減	95
ヘン	片	251
ヘン	辺	251
ヘン	返	252
ヘン	変	252
ヘン	偏	252
ヘン	遍	252
ヘン	編	252
ベン	弁	252
ベン	便	252
ベン	勉	252

ほ ホ

読み方	漢字	ページ
ホ	歩	253
ホ	保	253
ホ	哺	253
ホ	捕	253
ホ	補	253
ホ	舗	253
ほ	火	42
ほ	帆	233
ほ	穂	162
ボ	母	253
ボ	募	253
ボ	墓	254
ボ	慕	254
ボ	暮	254
ボ	模	268
ボ	簿	254
ホウ	方	254
ホウ	包	254
ホウ	芳	254
ホウ	邦	254
ホウ	奉	255
ホウ	宝	255
ホウ	抱	255
ホウ	放	255
ホウ	法	255
ホウ	泡	255
ホウ	封	246
ホウ	胞	255
ホウ	俸	255
ホウ	倣	256
ホウ	峰	256
ホウ	砲	256
ホウ	崩	256
ホウ	訪	256
ホウ	報	256
ホウ	蜂	256
ホウ	豊	256
ホウ	飽	257
ホウ	褒	257
ホウ	縫	257
ボウ	亡	257
ボウ	乏	257
ボウ	妄	268
ボウ	忙	257
ボウ	坊	257
ボウ	妨	257
ボウ	防	258
ボウ	忘	258
ボウ	房	258
ボウ	肪	258
ボウ	某	258
ボウ	冒	258
ボウ	剖	258
ボウ	紡	258
ボウ	望	259
ボウ	傍	259
ボウ	帽	259
ボウ	棒	259
ボウ	貿	259
ボウ	貌	259
ボウ	暴	259
ボウ	膨	259
ボウ	謀	260
ほうむる	葬	180
ほうる	放	255
ほお	頬	260
ほか	他	186
ほか	外	50
ほがらか	朗	290
ホク	北	260
ボク	木	260
ボク	目	269
ボク	朴	260
ボク	牧	260
ボク	睦	260
ボク	僕	260
ボク	墨	261
ボク	撲	261
ほこ	矛	265
ほこる	誇	97
ほころびる	綻	193
ほし	星	165
ほしい	欲	277

読み方	漢字	ページ
むすめ	娘	266
むつ	六	291
むっつ	六	291
むな	胸	76
むね	棟	215
むね	旨	122
むね	胸	76
むね	棟	215
むら	村	185
むら	群	84
むらさき	紫	125
むらす	蒸	153
むれ	群	84
むれる	蒸	153
むれる	群	84
むろ	室	129

め メ

読み方	漢字	ページ
め	女	144
め	目	269
め	芽	46
め	雌	126
メイ	名	266
メイ	命	266
メイ	明	266
メイ	迷	267
メイ	冥	267
メイ	盟	267
メイ	銘	267
メイ	鳴	267
めぐむ	恵	85
めぐる	巡	142
めし	飯	234
めす	召	146
めす	雌	126
めずらしい	珍	203
メツ	滅	267
メン	免	267
メン	面	267
メン	綿	268
メン	麺	268

も モ

読み方	漢字	ページ
モ	茂	268
モ	模	268
も	喪	180
も	藻	182
モウ	亡	257
モウ	毛	268
モウ	妄	268
モウ	盲	268
モウ	耗	268
モウ	望	259
モウ	猛	269
モウ	網	269
もうける	設	170
もうす	申	156
もうでる	詣	87
もえる	燃	225
モク	木	260
モク	目	269
モク	黙	269
もぐる	潜	174
もしくは	若	133
もす	燃	225
もち	餅	250
もちいる	用	274
モツ	物	248
もつ	持	128
もっとも	最	114
もっぱら	専	172
もてあそぶ	弄	290
もと	下	42
もと	元	94
もと	本	261
もと	基	66
もとい	基	66
もどす	戻	287
もとめる	求	72
もどる	戻	287
もの	者	131
もの	物	248
もも	桃	214
もやす	燃	225
もよおす	催	114
もらす	漏	291
もり	守	134
もり	森	158
もる	盛	166
もる	漏	291
もれる	漏	291
モン	文	249
モン	門	269
モン	紋	269
モン	問	269
モン	聞	249

や ヤ

読み方	漢字	ページ
ヤ	冶	269
ヤ	夜	270
ヤ	野	270
や	八	231
や	矢	122

よ ヨ

読み方	漢字	ページ
ヨ	与	274
ヨ	予	274
ヨ	余	274
ヨ	誉	274
ヨ	預	274
よ	世	164
よ	代	190
よ	四	121
よ	夜	270
よい	良	283
よい	善	175
よい	宵	147
ヨウ	幼	274
ヨウ	用	274
ヨウ	羊	275
ヨウ	妖	275
ヨウ	洋	275
ヨウ	要	275
ヨウ	容	275
ヨウ	庸	275
ヨウ	葉	276
ヨウ	陽	276
ヨウ	揚	275
ヨウ	揺	275
ヨウ	溶	276
ヨウ	腰	276
ヨウ	様	276
ヨウ	瘍	276
ヨウ	踊	276
ヨウ	窯	276
ヨウ	養	277
ヨウ	擁	277
ヨウ	謡	277
ヨウ	曜	277
よう	酔	162
よう	八	231
ヨク	抑	277
ヨク	沃	277
ヨク	浴	277
ヨク	欲	277
ヨク	翌	278
ヨク	翼	278
よこ	横	40
よごす	汚	38
よごれる	汚	38
よし	由	271
よせる	寄	66
よそおう	装	181
よつ	四	121
よっつ	四	121
よぶ	呼	95
よむ	詠	35
よむ	読	220
よめ	嫁	45
よる	因	31
よる	寄	66
よる	夜	270
よろこぶ	喜	66
よわい	弱	133
よわまる	弱	133
よわめる	弱	133
よわる	弱	133
よん	四	121

ら ラ

読み方	漢字	ページ
ラ	拉	278
ラ	裸	278
ラ	羅	278
ライ	礼	286
ライ	来	278
ライ	雷	278
ライ	頼	278
ラク	落	279
ラク	絡	279
ラク	楽	54
ラク	酪	279
ラツ	辣	279
ラン	乱	279
ラン	卵	279
ラン	覧	279
ラン	藍	280
ラン	濫	279
ラン	欄	280

り リ

読み方	漢字	ページ
リ	吏	280
リ	利	280
リ	里	280
リ	理	280
リ	痢	280
リ	裏	280
リ	璃	281
リ	履	281
リ	離	281
リキ	力	285
リク	陸	281
リチ	律	281
リツ	立	281
リツ	律	281
リツ	率	185
リツ	慄	281

読み方	漢字	ページ
リャク	略	281
リュウ	立	281
リュウ	柳	282
リュウ	流	282
リュウ	留	282
リュウ	竜	282
リュウ	隆	282
リュウ	粒	282
リュウ	硫	282
リョ	侶	282
リョ	旅	283
リョ	虜	283
リョ	慮	283
リョウ	了	283
リョウ	両	283
リョウ	良	283
リョウ	料	283
リョウ	陵	284
リョウ	猟	284
リョウ	涼	283
リョウ	量	284
リョウ	僚	284
リョウ	漁	75
リョウ	領	284
リョウ	寮	284
リョウ	霊	287
リョウ	療	284
リョウ	瞭	284
リョウ	糧	285
リョク	力	285
リョク	緑	285
リン	林	285
リン	厘	285
リン	倫	285
リン	鈴	287
リン	輪	285
リン	隣	285
リン	臨	286
る ル		
ル	流	282
ル	留	282
ル	瑠	286
ルイ	涙	286
ルイ	累	286
ルイ	塁	286
ルイ	類	286
れ レ		
レイ	令	286
レイ	礼	286
レイ	冷	287
レイ	励	287
レイ	戻	287
レイ	例	287
レイ	鈴	287
レイ	零	287
レイ	霊	287
レイ	隷	287
レイ	齢	288
レイ	麗	288
レキ	暦	288
レキ	歴	288
レツ	列	288
レツ	劣	288
レツ	烈	288
レツ	裂	288
レン	連	289
レン	恋	289
レン	廉	289
レン	練	289
レン	錬	289
ろ ロ		
ロ	呂	289
ロ	炉	289
ロ	賂	290
ロ	路	290
ロ	露	290
ロウ	老	290
ロウ	労	290
ロウ	弄	290
ロウ	郎	290
ロウ	朗	290
ロウ	浪	290
ロウ	廊	291
ロウ	楼	291
ロウ	漏	291
ロウ	糧	285
ロウ	露	290
ロウ	籠	291
ロク	六	291
ロク	緑	285
ロク	録	291
ロク	麓	291
ロン	論	291
わ ワ		
ワ	和	292
ワ	話	292
わ	我	46
わ	輪	285
ワイ	賄	292
わかい	若	133

読み方	漢字	ページ
わかす	沸	247
わかつ	分	249
わかる	分	249
わかれる	分	249
わかれる	別	251
わき	脇	292
ワク	惑	292
わく	沸	247
わく	湧	273
わく	枠	292
わけ	訳	270
わける	分	249
わざ	技	68
わざ	業	78
わざわい	災	112
わずか	僅	80
わずらう	患	58
わずらう	煩	235
わずらわす	煩	235
わすれる	忘	258

読み方	漢字	ページ
わた	綿	268
わたくし	私	122
わたし	私	122
わたす	渡	212
わたる	渡	212
わらう	笑	148
わらべ	童	218
わり	割	55
わる	割	55
わるい	悪	26
われ	我	46
われる	割	55
ワン	湾	292
ワン	腕	292

覚えておくと便利な筆順

ここでは、小学校で学習する漢字で、覚えておくと便利な筆順を十項目、取り上げました。一般的に間違えやすい筆順でもありますので、ご自身の日常の書き方が合っているかどうか、ぜひ確かめてみてください。また、同じ部分をもつ漢字を学習する学年ごとに示しましたので、筆順学習にも活用してください。

筆順	1年	2年	3年	4年	5年	6年
田（3）	男町田	魚細思番	界畑鼻福	富副勇漁	増略留	胃異層
ト（1）	上足	点店走	起	徒	（過）	劇従縦（骨）
九（1）	九	丸	究	熱	雑勢	熟染
耳（5）	耳	聞	取	最	職	厳聖
ナ（1）	右		有	希	布	若
方（4）		方（万）	族放遊旅	旗（別）	防	激訪
隹（2・5）		曜	集進	観	確護雑準	権推難奮
馬（1・3）		馬	駅	験		
長（1）		長	帳		張	
非（1・5）			悲		罪非	俳

宮澤正明（みやざわ・まさあき）

1952年　静岡県三島市生まれ。二松学舎大学大学院博士課程満期退学。
元都留文科大学助教授。現在、山梨大学名誉教授、山梨英和大学非常勤講師。
全国大学書写書道教育学会会長、全日本書写書道教育研究会統括副理事長、全国大学書道学会会員、日本書写技能検定協会理事、日本武道館『書写書道』編集顧問、公文エルアイエル顧問。
著書に、『常用漢字書きかた字典』『大人が学ぶ小学校の漢字』『大人が学ぶ中学校の漢字』『美しい毛筆の書きかた』（以上、二玄社）、『楽しめる漢字仮名交じり書』『毛筆書写墨場必携』（以上、日本習字普及協会）、『書写の力』、小学校国語科書写「書写」・中学校国語科書写「中学書写」の編集、執筆（光村図書出版）。

新・字形と筆順（改訂版）

2013年３月30日　初版第１刷発行
2018年４月１日　改訂版第１刷発行
2023年７月１日　改訂版第３刷発行

編　者　　宮澤　正明
発行者　　吉田　直樹
発行所　　光村図書出版株式会社
〒141-8675　東京都品川区上大崎2-19-9
電話　03-3493-2111（代表）
［URL］www.mitsumura-tosho.co.jp
印刷所　　協和オフセット印刷株式会社
製本所　　株式会社難波製本

ISBN 978-4-8138-0044-6